世界の果てに、ぼくは見た

長沼 毅

幻冬舎文庫

世界の果てに、ぼくは見た

目次

第五章

宇宙へ、心の旅

目次・扉デザイン
滝口博子（ホリデイ計画）

第一章

吟遊科学者、辺境をゆく

砂漠の月虹——サハラ砂漠

2億5000万年の眠り

ぼくはいま、サハラ砂漠にいる。

辺境生物学者のぼくは、深海、地底、南極・北極などの地球の辺境に棲《す》む生き物を調べていて、いまは砂漠の微生物（菌）が研究テーマである。砂漠のなかでも、ここサハラがいちばんのお気に入り。ここで採った菌が変わり種で、意外なものに近縁《きんえん》だったからだ。

その意外なものとは、米国ニューメキシコ州の2億5000万年前の岩塩に閉じこめられていた菌だ。2億5000万年前とは、古生代（三葉虫の時代）が終わり、中生代（恐竜の時代）がはじまろうかというころである。海の一部が陸封《りくふう》されて干上がり、析出《せきしゅつ》した塩が固まって岩塩になった。そのとき閉じこめられた菌が、奇特な研究者によって永《なが》い眠りから醒《さ》めたのである。

それにしても2億5000万年とは永い眠りだ。人間界では「死」という言葉をはばかって「永眠」と言い表すが、最初の人間（ホモ・サピエンス）が誕生してまだ20万年くらい。人間最初にして最長の永眠（＝死）でさえ、まだ、たった20万年でしかない。ところが、この岩塩菌はその1000倍以上もの永い時間を、生きたまま眠っていたのだ。永眠とは文字どおり「永い眠り」であって、けっして「死」ではない。言葉は正しく使ってほしい、と岩塩菌が愚痴《ぐち》りそうだ。

その長寿世界記録の岩塩菌にとても近縁なものがサハラ砂漠の塩湖《えんこ》から見つかったのには、ぼくも驚いた。アメリカとサハラ、現在と2億5000万年前という時空《じくう》の距離が、一気にぶっ飛んで、ひとつになったのである。これほどの時空跳躍は、中学生のころ、ペルセウス座の二重星団を見たとき以来だ。

この二重星団は美しい星空名所のひとつに数えられている。一方の星団は地球から約7000光年、他方は約8000光年離れていて、お互いには約1000光年離れている。1000光年とは約9500兆kmという膨大な距離である。これだけ離れた

２つの星団の光はそれぞれ７０００年前と８０００年前に発したものだ。この途方もない時空を、ぼくはこの小さな双眼鏡で見ている、この両手のなかに宇宙がある……そう実感したとき、ぼくの魂は宇宙の時空を漂っていた。

あのときの時空体験が、岩塩菌とサハラ菌によってよみがえったのだ。

サハラ砂漠にいるといったが、実際にはその東縁《とうえん》、北アフリカの小国チュニジアにいる。チュニジアはアラブ世界の一員でありながらオイルマネーには縁がなく、石油輸入国である。しかし、「地中海の宝石」と呼ばれるほど、観光・文化資源には恵まれている。その理由のひとつは、ヨーロッパとの地理的な近さだろう。まず、首都チュニスとローマの距離は６００km。東京・広島間の距離より近いのだ。

ローマといえば、チュニジアの母体であるカルタゴの宿敵である。ヨーロッパはおろか近東から北アフリカにまで版図《はんと》を拡大しつつあったローマ共和国（のちのローマ帝国）に対し、敢然《かんぜん》と立ち向かったのが名将ハンニバル（紀元前２４７―紀元前１８３）のひきいるカルタゴだ。ぼくにとってハンニバルは、アレキサンダー、シーザー、ナポレオンと並ぶ世界４大英雄である。

4大では据《す》わりが悪いので3大か5大にしたいのだが、こればかりは1人も減らせないし、増やすのも気が引ける。たぶん、モンゴル帝国の創始者チンギス・ハーン（ジンギスカン、成吉思汗、1162?―1227）も入れたほうが公平なのだろうが、あいにくぼくが無粋《ぶすい》なので5大にまでいたらないのは申しわけない。ぼくとしても源《みなもとのよしつね》 義経＝チンギス・ハーン説をとって、世界5大英雄にしたいところではあるのだが。

モンゴル帝国は東に西に版図を拡大した。台風で頓挫《とんざ》したものの2度の元寇《げんこう》のころ、帝国の版図は実質的に史上最大となった。面積だけなら大英帝国のほうが大きかったが、文明の中心を押さえたという意味でモンゴル帝国に軍配が上がる。この記録は今後もそう簡単には更新できないだろう。屈強のポーランドやハンガリーも撃破し、ヨーロッパ制圧まであと一歩のところだったが、第2代ハーンが急死してモンゴル帝国軍は撤退。これでヨーロッパは救われた。

ヨーロッパを脅《おびや》かした帝国は、もうひとつある。イスラム帝国である。両者は地中海の東端と西端で対峙《たいじ》した。まず東端では、イスタンブール（コンスタンティノープル）が約1500年間もローマ帝国、すなわちヨーロッパの支配下にあり、395年の東西ローマ帝国分裂以来、東ローマ帝国の都が置かれていた。ところが、味方と思っていた第4回十字軍に攻撃されるなど衰退をつづけ、1453年にオスマン帝国（トルコ）に陥落させられる。ここにローマ帝国が完全に滅亡したのである。

一方、地中海の西端では、8世紀初頭からイスラム教徒がイベリア半島に上陸・北上し、征服地を拡大していった。これに対し、ヨーロッパ側は、イスラムの手に落ちたイベリア半島を奪回すべく、レコンキスタ（再征服運動）をはじめた。この戦いは800年近くもつづいたが、ついにヨーロッパ連合軍がグラナダを陥落させ、イスラムは地中海の南側、すなわち北アフリカにとどまることになった。1492年、コンスタンティノープル陥落から約40年後の雪辱《せつじょく》であると同時に、コロンブスによる新大陸発見の年でもあった。

レコンキスタ開始より900年以上も前に、北アフリカからイベリア半島に進出した国がある。カルタゴである。イベリア半島で拠点《きょてん》としたのはカルタゴ・ノヴァ、現在のカルタヘナ（スペイン南東部、地中海沿岸の町）。いまから2200年前、将軍ハンニバルは、遠くスペインから宿敵ローマ攻略の機をうかがったのだ。

ぼくがハンニバルを4大英雄に挙げる理由はここからだ。ローマを攻略するため、ハンニバルは考えた。ローマになくてカルタゴにあるもの、それは象だ、エレファント。これを船に乗せて地中海を渡り、ヨーロッパに揚げる。この橋頭堡《きょうとうほ》がカルタゴ・ノヴァである。

いよいよ象軍団の上陸だ。ピレネー山脈を越え、アルプス山脈も越えて、明日にはローマに攻め入らん。これが第2次ポエニ戦争、別名ハンニバル戦争である。

ローマ共和国の中心地を象の軍団が蹂躙《じゅうりん》する。実際にはそんなことはなかったのだが、想像するだけで楽しいではないか。きっとハンニバルもそんな想像をしたに違いない。しかも、妄想ではない。奇抜な発想ではあるが、緻密《ちみつ》な戦略に裏づけられていたはずだ。

セレンディピティの神さま

奇抜な発想はしばしば「思いつき」というかたちで表れる。しかし、それはいわゆる軽いノリの思いつきではない。いつも頭から離れない懸案《けんあん》事項があり、それをずっと考える。寝ても覚めても、食べても飲んでも考えている。それがいつのまにか意識から消えたとしても、脳の奥底で思考はつづいている。

あるとき、沈殿《ちんでん》した思考から、発想が泡のように浮かんでくることがある。そのアイデアの泡はいつ浮上するかわからない。運よくその泡を捕まえられたら、それは「セレンディピティ」だろう。

セレンディピティとは多くの天才や成功者が口にする言葉である。僥倖《ぎょうこう》というか、いま風には「超ラッキー」という感じか。いずれにせよ、だれにでも訪れる超ラッキーをきちんと自分のものにできること、それを全部ひっくるめてセレンディピティというのだ。

チャンスの神さまは前髪しかなくて後ろ髪はない、という。つかむなら前髪をつかんでこそチャンスであり、セレンディピティだ。後ろ髪を引かれる思いでチャンスを見送った、なんていうのはありえない。

でも、ぼくのセレンディピティはそれほどいばれるものではない。そもそも、前髪をつかんでやろうなんて身構えていないのだ。それでも、どういう星のめぐりあわせか、恵まれるのだ。セレンディピティの神さまに感謝せねばなるまい。

ぼくの最近のセレンディピティは、サハラ砂漠奇譚《きたん》である。ぼくが日本を発《た》ったのは十三夜の月を愛《め》でた翌朝。十四夜の晩にチュニスに着き、十五夜の月はサハラ入り口のオアシス都市トズールで眺めた。そして、いよいよ十六夜《いざよい》の砂漠をラクダに乗って渡ったのである。

加藤まさを作詞の「月の沙漠《さばく》」そのままに、一面金色の砂漠をゆらゆら進む光景。それはそれで、いまここで死んでもよいと思うほど美しいのだけれど、平山郁夫《ひらやまいくお》画伯の「流沙月光」や「月光らくだ行」など動的な静謐《せいひつ》感のある多くの作品に描かれているので、あえてここで描写するにおよばないだろう。

だが、平山画伯もご覧になっただろうか、「月の虹《にじ》」への言及はぼくにも許してほしい。月輪ではない。太陽や月のまわりに出る日輪・月輪ではなく、雨上がりの陽光がつくりだす環《わ》、すなわち虹（rainbow）と同様に、暁《あかつき》の砂漠にかかる霧に明るい月光が射《さ》してできる「月虹《げっこう》」（moonbow）である。ぼくはそれを見たのだ、サハラ4回目にして初めて。しかし、惜しむらくは、あまりにも朧《おぼろ》で、そして、あまりにもぼくが機械音痴で、カメラに収められなかったことである。写真撮影のセレンディピティはなかったらしい。

この月虹も、太陽の虹と同様、環の外側が赤で内側が紫だった。あまりにも朧だったので認識できなかったが、おそらく赤から紫にいたる7色があったことだろう。虹の7色とは一般に赤橙黄緑青藍紫（セキ・トウ・オウ・リョク・セイ・ラン・シ）と覚えるようだ。授業で学生に答えさせせると、たいてい6色でとまってしまう。藍《あい》色が出てこないのだ。ぼくは紺色でも群青《ぐんじょう》色でも正解にしようと思っているのに、それさえも出てこない。47都道府県で最後まで出てこない県名みたいなものか。

この7色を覚えるのによい方法（mnemonics、ニーモニクス）がある。それは英国発祥のＶＩＢＧＹＯＲという単語みたいな語呂《ごろ》合《あ》わせである。赤〜紫を逆にして紫〜赤の順に、violet, indigo, blue, green, yellow, orange, redと並べた頭文字だ。ただし、これが載っている辞書にお目にかかったことはまだない。

もっとおもしろいのは赤〜紫の順に覚える方法、つまり、ＲＯＹＧＢＩＶをひとつの文として覚える方法で、「Richard Of York Gave Battle In Vain」。薔薇《バラ》戦争（1455―85）の戦端《せんたん》を開いたヨーク公リチャードが勝利を目前にして戦死したことをもじったといわれている。

こんなことを考えるなんて英国人も閑《ひま》だね、なんていってはいけない。虹の7色を決めたのは、英国人にして科学界の巨匠、かの有名なアイザック・ニュートン卿《きょう》なのである。ニュートン卿は「万有引力の法則」で有名なのだが、じつは微積分や光学の先駆者でもある。とくに光学ではプリズムをよく愛でた挙げ句、7色を決めたのだ。ニュートン卿にとって「7」はマジックナンバーだったからである。

虹は何色でできている?

現在では7色それぞれに光の波長が対応している。可視光線の範囲、すなわち波長にして大まかに380nm(ナノメートル)から800nmまで(日本工業規格JISZ8120によると短波長限界360〜400nmから長波長限界760〜830nmまで)の波長帯を7等分するような感じである。波長の単位nmは10億分の1mで、これらの数字にゼロをひとつ付ければÅ(オングストローム)になる。光速を波長で割ると周波数になり、だいたい紫色端800THz(テラヘルツ)から赤色端375THzくらいである。

このうち、人間の視細胞が感ずる赤・緑・青を「光の3原色」(色光の3原色)といい、RGBと略称される。また、印刷物のインクの「色の3原色」(色料の3原色)

は緑青（cyan）・赤紫（magenta）・黄（yellow）で、これに黒の基本色（key plate）を足した4色セットをCMYKと略称する。ただし、これらは人間の色覚であって、虫には虫の、犬には犬の色覚がある。たとえば、人間には不可視の紫外線や赤外線でも虫や蛇《へび》には見えるとか、カラスは4原色なのに犬は2原色しかないとか。

人間はさらにややこしくて、同じ虹の色でも文化や社会集団によって異なるらしい。6色の民もあれば5色の民もあるという。色数の少ない民には見えない色があり、それは認識できない色があるということだ（ただし、色名がなくても認識できる場合もある）。これは言語認識論や言語相対論ではよく論じられていることで、『Naming the Rainbow』（ドン・デドリック著）というそのものズバリの題名の本もあるくらいだ。

それを指す言葉を知らなければ認識することもできない、というのは言いすぎだろう。しかし、同じ森を見るにしても、樹々や草々や虫々の名前を知っているほうが、ずっと多くの情報を得られるだろう。ゆえに、人間の認識力は言語力に依存する、といえるかもしれない。いろいろな語彙《ごい》や言語、文法を知っている人は、きっと、自然認識力にも優《すぐ》れている。中国の古典『大学』が云《い》う「心不在焉、視而不見」（心ここに在らざれば視《み》れども見えず）と通底するだろう。

残念ながら、ぼくにはそれを習得する心もセレンディピティもなかったようだ。そのかわり、それに恵まれた人を知っている。海外小説『シブミ』（渋味）の主人公ニコライ・ヘルがまさにそれ。ぼくが畏怖《いふ》する架空人物の1人だ。あとは『ルパン三世』のルパン。人は自分にないものを求めるものだ。

宇宙が透けて見える場所――南米アタカマ

宙に浮遊して地球を見る

南米のアタカマはぼくの「行ってみたいところ」のランキングで上位にありつづけた土地だ。その理由は「世界でもっとも乾燥した場所」だからである。本当のことをいうと、世界でもっとも乾燥した場所はアタカマではなく、南極のドライバレーだ。しかし、国家レベルの支援を受けた南極観測隊ではなく、ふつうの人がふつうに生活する場所としては、アタカマこそ世界でもっとも乾燥した地域である。そこは、深海や地底、南極・北極と並んで極限環境の代表例であり、辺境生物学者を標榜《ひょうぼう》するぼくにとって、行ってみたいどころではない、行かねばならない必須《ひっす》の場所なのであった。

2009年の暮れ、幸運にも念願叶《かな》って、ぼくはそこに行ってきた。アタカマ砂漠とアタカマ塩湖が広がる荒涼《こうりょう》の地へ。そして、それを見下ろすアタカマ高地は、水蒸気が少ないので霞《かすみ》のかかるはずもなく、空をあおげばまるで宇宙が透けて見えるかのよう。この日、南半球では夏至《げし》で、南回帰線が通るアタカマでは真昼の太陽が真上に来る。すると、自分の影は自分の真下にできる、というか、影ができない。

影のない足下から頭上に視線を上げ、宇宙が透けて見えそうな空に自分が浮遊するイメージを思う。そんなことをしているうちに、いつのまにか、地球を外から眺める「神の視線」になっていた。

神の視線ではないが、地球儀や世界地図で南米を眺めると、ちょうど南回帰線より下（南）の部分が三角形に見える。まるで錘《おもり》を垂らしたような形なので、「南の錘《サザン・コーン》」、スペイン語で「コーノ・スール」Cono Surという。錘を垂らしたとき、地面に対してほぼ直角に垂れるから「垂直」という。錘はしばしば鉛《なまり》でつくられていたから「鉛直」ともいう。

鉛は英語でleadである。導くという意味のlead《リード》と同じ綴《つづ》りだが、鉛のleadはレッドと読む。しかし、化学の分野で鉛の元素記号はPbだ。これは鉛のラテン語plumbumに由来しているためである。いまでこそ水道管は塩化ビニール製の塩ビ管だが、むかしは鉛管だった。それで鉛管工つまり水道管工のことをplumber《プラマー》と呼ぶようになった。ぼくがカリフォルニアに住んでいたころ、家の排水管がすぐに詰まるので、年がら年中プラマーの世話になっていたものだ。

南米のアタカマに戻ろう。南米大陸の西岸を眺めると、南回帰線のあたり、つまり、コーノ・スールの基部から縦にまっすぐ海岸線が延びている。チリ国だ。この基部《きぶ》から ちょっと山側に入った一帯がアタカマである。「神の視線」ではないが、飛行機から眺めると、妙な色合いの土地に見える。いまから約50年前にこの地を探検した日本人がいて、その記録本による描写がすばらしい。

地面は目をこらすと灰色、茶色、オレンジ色などさまざまな色彩の複合体だが、それがぼうっと一つの淡いピンク色に燃え立っている。

向一陽著『アタカマ高地探検記』より

その探検隊は見なかったようだが、「色彩の複合体」が地上でもはっきりと見える場所がある。それは「虹の谷」という鉱脈の博物館みたいな場所だ。アタカマの大地が色彩豊かなのは、激しい火山活動にともなって多種の鉱脈ができたためである。たとえば、世界最大の銅山はここにあり、BRICs《ブリックス》（ブラジル、ロシア、インド、中国）など新興産業国での需要増大にともない、ますます好況《こうきょう》となっている。

火山活動によるものではないが、アタカマ砂漠にある塩湖も一種の鉱山でリチウムを産する。リチウムは電気自動車の心臓部である電池《バッテリー》の原料なので、アタカマの塩湖もこれから活況《かっきょう》となるに違いない。

いまでこそ閉山しているが「虹の谷」もかつては鉱山であった。その名のとおり、各種の鉱石が呈《てい》する、まさにカラフルな鉱脈が変化に富んだ色彩風景をつくっている。荒漠《こうばく》とした岩石砂漠の山なのに、これはどうなっているのだと思わざるをえないほど鮮《あざ》やかな彩《いろど》り。

しかし、それは観光客として物見遊山の視線である。ここで働いていた鉱山労働者には、禍々《まがまが》しい色彩に映ったかもしれない。そういう鉱山労働者の祈りなのだろう、谷の入り口に十字架が立ててある。それをひと廻りしてから谷に入り、出るときもひと廻りする習わしなのだとか。鉱山《ヤマ》という危険な場所での操業の無事を祈り、無事を感謝する鉱山習俗だったのだ。

呪術と積み石

こういう素朴な習俗のひとつに、アパチェタというものもあった。積み石のことだ。登山者の間ではしばしばケルン（ゲール語）、あるいはケアン（英語）と呼ばれるもののことだ。一般には山道などのルートを示す道標《どうひょう》としての役割があるとされている。もちろん、そのとおりだ。しかし、それは単なる道標ではない。人々の「祈り」や「思い」がこめられた聖石である。いや、聖石といっても、荘厳美麗《そうごんびれい》な石造りではない。ただの積み石だ。でも、ただの積み石にこそ、ふつうの人々の日常のいとなみに根差した、それゆえに根源的な祈りが感じられるのである。

アタカマでは、其処此処《そこここ》にアパチェタがある。山頂部や峠など見晴らしのよい場所には、あたり一面アパチェタだらけだ。こうなると、もはや道標ではない。現地の人に訊《き》いたら、不運や悲運、悪運などをそこに置きにくるのだという。一種の封印呪術なのだろうか。

ここまでとぼとぼ歩いてきたのだろう。ここで、身に憑《つ》いた悪運を落とし、石に閉じこめたかったのだろう。ぼくはもう「祈り」というより「念」を感じ、畏《おそ》れた。インカ帝国あるいはそれ以前からつづく「念」だ。今の心と書いて念となる。その時々の「今の心」がひとつひとつのアパチェタにこめられた。念ずれば現ずる。荒原に叢《むら》立《だ》つアパチェタの数だけ、念じた人々によい暮らしが現じたであろうか。

呪術的な積み石といえば、イヌイット（エスキモー）のイヌクシュクがある。第21回冬季オリンピック大会、いわゆる2010年バンクーバー五輪のロゴがそれだった。そのロゴでもわかるように、イヌクシュクは「人の形」をしている。それは道標であり、狩猟や漁撈《ぎょろう》の目印であるとともに、呪術人形《ひとがた》でもあるのだ。人形《にんぎょう》はそもそも疫病などの災厄から身を守るための形代《かたしろ》、すなわち身代りとして発生したのだから。

モンゴルのオボもまた呪術的な積み石である。いや、積み石というより盛り石だ。無数の小石をひたすらに盛るだけ。この単純にして気長な呪術に、いったいどれだけの時間と人数がかけられてきたのだろう。それを想像して、ぼくは畏れる。単純であればあるほど、それは根源的なのだ。様式化し、形式化し、果ては形骸《けいがい》化した複雑な祭礼儀式には、ぼくは根源的な畏れを抱かない。原始的なシャーマニズムにこそ、時空を超えた「念」を感じるのだ。といっても、生物学的にはせいぜい30万年ほどの歴史しかないわが種族「ホモ・サピエンス」の念なのだが。

琉球《りゅうきゅう》の御嶽《うたき》もこの流れを汲《く》むものであろう。ぼくは御嶽のことをよく知らないので大したことは書けないが、御嶽は「琉球の神様」が坐《おわ》すところ、あるいは降臨《こうりん》するところだと聞いた。ところと平仮名で書いたのは、それが聖地や聖石のような物質的なものでなく、霊的な空間を指すからである。地や石はその聖空間の標《しるべ》である。そして、その聖空間は、華美《かび》でなくてよい。ただの小石が置かれているだけでも、それは「イビ石」という神が降臨する依代《よりしろ》となり、聖空間となる。

琉球には御嶽を管理する女性がいた。世襲制の専門職で祝女《ノロ》という。また、市井《しせい》にも民間シャーマンたる巫女《ユタ》がいる。沖縄という呼称も、元来は「おきなわ」という御嶽に由来するという可能性があるらしい。

星の魂込め

藤崎慎吾という筆名のSF作家がいる。ぼくの盟友《めいゆう》だ。

彼の代表作『ハイドゥナン』では与那国島《よなぐにじま》のユタ（現地ではムヌチという）が美し

くも悲しい救世主になる。彼女の御嶽は、かつて海底のサンゴだった石、石灰岩だ。それを通して彼女は祈り、海底下の生命圏と交信し、地殻変動による天変地異を未然に防いで、与那国島を、そして、琉球を救った。この地上の「祈り」と並行して、宇宙では「星の魂込め《フチヌマブイクミ》」が行われていた。拙著『生命の星・エウロパ』（これはSFでない科学書）で想像したエウロパの生命圏が、危機に瀕《ひん》しているというのだ。それを『ハイドゥナン』の科学者が救うと。

エウロパは木星の衛星のひとつである。1610年にガリレオ・ガリレイが手製の望遠鏡で観察した4大衛星のひとつだ。この4大衛星は、ガリレオ自身は庇護《ひご》者に敬意を表して「メディチ家の星」と呼んだが、いまではガリレオ衛星と呼ばれている。

ガリレオはこの4大衛星が木星のまわりを回っていることを発見し、これがそのまま地球と太陽の関係にあてはまることに思いいたった。地動説である。これを唱えた咎《とが》でガリレオは軟禁されたまま没《ぼっ》した。バチカン（ローマ法王庁）がガリレオに謝罪し名誉回復したのは、じつに没後359年経《た》った1992年のことである。

ガリレオが手製の望遠鏡で木星を観てから約400年。2012年には、ものすごく巨大な望遠鏡がアタカマで稼働を始めた。直径12mの巨大な望遠鏡だ。しかも、それが54台、直径7ｍのものを入れると66台という巨大望遠鏡群である。それらを連携させると直径18㎞の超巨大望遠鏡に相当する性能が得られるとか。これを「アルマ望遠鏡」という。正確には「アタカマ大型ミリ波サブミリ波干渉計」だが、その英語名の略称がＡＬＭＡなのだ。スペイン語で「魂」という意味でもある。

アルマ望遠鏡。ＳＦの話だった「星の魂込め」が、アタカマで「星を観る魂」として実現しつつある。念ずれば現ずるである。標高約５０００ｍのアタカマ高地で遠目にそれを眺めながら、ぼくはアパチェタを思っていた。これは、念をこめる石ではなく、念を宇宙に広げる窓、「21世紀のアパチェタ」なのだと。そこから頭上に視線を上げ、宇宙のことを思う。ふたたび「神の視線」になり、ぼくの念は時空を漂っていた。

マントルの上に立つ――オマーン

天をめざす

なんともすごい建物が出現したものだ。中東の交易センターたるドバイに「ブルジュ・ハリファ」という超高層ビルが完成した。まさに天を摩《す》る高楼、摩天楼《まてんろう》である。その高さ（尖塔高《せんとうこう》）は828m、人間の歴史におけるもっとも高い建造物だ。それまでは、電波塔のほうがビルより高かったが、ついにビルが電波塔を抜いた。2010年には中国の広州《こうしゅう》に世界最高のテレビ塔が建ち、さらに高い新東京タワー（東京スカイツリー）も2012年に完成した。その高さは634m、634《むさし》と覚えるのだそうだ。しかし、それでさえブルジュ・ハリファのビル部分の高さ（軒高《けんこう》）636mにおよばない。

　これらのビルや塔がどれだけ高いか。たとえば、日本だと千葉県の最高峰（愛宕《あたご》山《やま》）は４０８ｍ。もし、東京スカイツリーがもう数㎞ほど東へ建ったら、そこはもう千葉県、名前が千葉スカイツリーになるとともに、県内でもっとも高い場所になるだろう。ちなみに沖縄県もそうで、最高峰は石垣島の於茂登《おもと》岳、５２６ｍだ。大阪府や京都府の最高峰もかなり微妙なところで、それぞれ、大和葛城山《やまとかつらぎさん》（９５９ｍ）と皆子《みなご》山《やま》（９７２ｍ）で、これらはいずれ高さ１０００ｍ以上の超々高層《ハイパー》ビルに抜かれてしまうだろう。

　ハイパービルはまだ計画中、いや夢想中といってもいい段階である。ドバイに計画されていたナキール・タワー（１４００ｍ）は経済危機「ドバイ・ショック」で頓挫《とんざ》したし、他の同様な計画も難航《なんこう》していて着工にすらいたっていない。それでも、人は摩天楼を夢見るものだ。

　のちに世捨て人になった吟遊詩人ランボーも17歳のとき、〝高い塔〟の歌を詠《よ》んだ。天界への昇華《しょうか》を夢見ながら折れゆく魂の叫びである。

　　何事にも屈従した

無駄だつた青春よ
繊細さのために
私は生涯をそこなつたのだ。
ああ！　心といふ心の陶酔する時の来らんことを！
「最も高い塔の歌」中原中也訳より

ああ、
心がただ一すじに打ち込める
そんな時代は、
ふたたび来ないものか？
「いちばん高い塔の歌」金子光晴訳より

時よ、来い、
あゝ、陶酔の時よ、来い。
「てっぺんの塔の歌」小林秀雄訳より

究極の「高い塔」はおそらく「宇宙エレベーター」だろう。気象衛星「ひまわり」や通信衛星などは、地上から見ると天空の一点にとまっているように見えるので静止衛星という。天空の一点とは赤道上の高度約3万6000㎞である。そこから「蜘蛛《くも》の糸」のように紐《ひも》（ケーブル）を下ろす。そのケーブルはやがて地上あるいは海上に届き、そこで固定する。それをつたって上れば宇宙に行ける。

荒唐無稽《こうとうむけい》な戯言《ざれごと》に聞こえるかもしれないが、あながちそうでもない。その実現の鍵は「蜘蛛の糸」つまり軽くて強いケーブル材料の開発にあるのだが、その最有力候補は「カーボンナノチューブ」、日本の得意分野なのだ。すでに「一般社団法人宇宙エレベーター協会」というものがあり、2009年8月には第1回の競技会も行われた。「蜘蛛の糸」を上る機械の競技会だ。それが、平均標高が日本一低い千葉県で開催されたという取り合わせもおもしろい。

暗色の岩塊

　宇宙からドバイを眺めてみるとおもしろいことに気がつく。ドバイの東、アラビア半島の東角部《とうかくぶ》、国でいうとオマーンのあたりに、妙に暗色《あんしょく》の土地があるのだ。森林かと思ったが、砂漠のなかに森林のあるはずはない。それは暗色の岩塊《がんかい》である。もともとはずっと深所《しんしょ》の、人間がまだ到達したことのないほど深部—マントル—にあったものだ。それを含む一連の地層を「オフィオライト」という。オマーンのオフィオライトは宇宙からでも見えるほど大きく、はっきりしている。これは世界最大規模のオフィオライトなのだ。超高層ビルが建つドバイのそばに超深部の岩石が露出するという不思議な取り合わせ。ここは地質学者の聖地である。

　岩石にはいろいろあって、それを暗記するのがぼくは苦手だった。いまでも苦手だ。そでも、火山や地底に棲む生物を調べるにあたり、岩石にもつきあわざるをえない。そこで、ぼくは暗記するのではなく、大雑把《おおざっぱ》にわかっておくことにした。たとえば、岩石は火成岩《かせいがん》、水成岩《すいせいがん》、変成岩《へんせいがん》の3つに大別できることだけ知っておき、あとは覚えられるものだけ覚えようという姿勢だ。そして、オマーンのオフィオライトは火成岩の話である。

　火成岩はマグマ、すなわち「溶けた岩石」が冷えて固まったもので、地球の本来的な石である。あとの2つ（水成岩と変成岩）は、ごく簡単に説明しておこう。水成岩は、いまでは堆積岩《たいせきがん》と呼ばれるように、海底や湖底の泥（堆積物）が押し固まったものである。変成岩は岩石が熱と圧力で変質したものであり、元の岩石は火成岩でも水成岩でも、あるいは一度変質した変成岩であることもある。

さて、本題は火成岩、マグマが冷え固まった岩石である。地上に噴きだしてサッサと固まったら噴出岩《ふんしゅつがん》（火山岩ともいうが火成岩と紛らわしい）、地底でゆっくり固まったら深成岩《しんせいがん》という。

噴出岩の代表例は「玄武《げんぶ》岩《がん》」という。城崎《きのさき》温泉にある玄武洞にちなんで命名された。玄武は五行道で黒色を指す。伊豆大島やハワイ諸島の黒っぽい溶岩台地が玄武岩だ。

一方、深成岩の代表例は花《か》崗岩《こうがん》と「斑糲岩《はんれいがん》」「橄欖岩《かんらんがん》」である。花崗岩は御影石《みかげいし》という石材として馴染《なじ》み深いし、国会議事堂の外装でもあり、その多くはぼくが住む広島県産花崗岩なのだが、いまはおいておこう。ここではむしろ、ふだんは馴染みのない斑糲岩と橄欖岩に注目する。ただ、漢字が難しいので、ここからハンレイ岩、カンラン岩と記すことにする。

ハンレイ岩とカンラン岩がなぜ馴染みがないのか。それは深成岩、つまり、とても深いところにあるからだ。ハンレイ岩の「糲《れい》」は米、とくに粗糲《それい》（玄米）を指す。黒い岩地に白い玄米状の斑《ふ》があるという意味だ。

これに対し、カンラン岩は緑色というかオリーブ色である。それでオリーブを意味する橄欖（カンラン科の植物）にちなんでカンラン岩と命名したが、それは間違い。橄欖はオリーブではなく、カンランという植物の実だった。カンラン岩は誤解にもとづく名称なのだ。ちなみに、カンラン岩をつくる主な鉱物はカンラン石といい、そのオリーブ色にちなんでオリビンという。さらに、これが宝石の品質になるとペリドットといい、8月の誕生石である。

カンラン岩は地球の深部「マントル」の岩石である。地球の表面、厳密にいうと固体地球の表面は地殻《ちかく》という。固体地球を卵にたとえると、卵の殻が地殻、白身がマントル、黄身が核《コア》である。地殻はほんの薄皮にすぎず、取るにたらない。地球の大部分を占めるのはマントルで、地球の体積の83％、質量の68％がマントル、残りが核である。

すなわち、マントルこそ地球を代表する部分であるといえ、そのマントルを構成する岩石がカンラン岩ということだ。ちなみに質量比にすると、マントル：核＝2：1、これは奇《く》しくも鶏卵の白身：黄身＝２：１と同じである。

ぼくがマントルにこだわるのには理由がある。それは、地球から見たらほんの薄皮1枚、厚さ数km〜数十kmくらいの地殻、それを掘ればもうマントルなのに、人間はまだただの一度も生のマントルを手にしたことがないからだ。

いまから約40年も前のアポロ月面着陸（１９６９―７２）で計３８２kgもの「月の石」を持ち帰ったくせに、わずか数kmから数十kmほど足下のマントル岩石に手が届かないとは、それこそ宇宙《そら》ばかり見て地に足がついていないことになる。

マントル到達の夢

地殻とマントルを隔《へだ》てる境界、それは岩石学的にはハンレイ岩とカンラン岩の境界面だが、見た目には岩石同士の接合面であり、とくに何かの仕切りがあるわけではない。しかし、地震波で見ると、これを境に地震波の伝わり方が明らかに違うのだそうだ。

いまから約１１０年前の１９０９年、クロアチアの地震学者アンドリア・モホロビチッチがこの不連続面を提唱した。ゆえに、これは「モホロビチッチ不連続面」、短縮して「モホ面」と呼ばれている。

　モホ面を貫通してマントルに到達すること、それは地球科学界の夢である。それで、「モホ面まで穴《ホール》を掘る」という意味の「モホール計画」という駄洒落《だじゃれ》みたいな名称の海底掘削《くっさく》が行われた。ぼくが生まれた１９６１年のことだ。

　陸上ではなく海底を掘るのは、同じ地殻でも大陸地殻は数十kmと厚いが、海洋地殻は数kmと薄いため貫通しやすいからである。しかし、海に浮かんだ船から何kmもの穴を掘るのは大変な作業で、予算面と管理面の支援もうまくいかなくなり、モホール計画は頓挫した。

　ところが、ついにモホ面貫通の夢が叶いそうだ。モホール計画の後継《こうけい》と考えてもよいだろう、統合国際深海掘削計画（ＩＯＤＰ）という21世紀の海底掘削でモホ面貫通を果たせる可能性がある。まず、２００４〜０５年に米国の掘削船でモホ面貫通が試みられたが、そのときは果たせなかった。しかし、日本の掘削船、正確には地球深部探査船「ちきゅう」はモホ面を貫通する仕様で建造された。日本の船「ちきゅう」で人類初のマントル到達もそう遠くないだろう。これから話す２０１０年はモホロビチッチによる不連続面の提唱から約100年、2011年はモホール計画から50年という節目でもあるし。

そういう節目の年、2010年の正月をぼくはオマーンで迎えた。もっとも、オマーンはイスラム教の国なので、イスラム暦（ヒジュラ暦）すなわち大陰暦だから、正月気分ではない。そんな静かな年末年始、ぼくは、オフィオライトの山塊の斜面に、モホ面を見た。地殻とマントルの境界を目の当たりにしたのだ。

ほとんど崖《がけ》といってもいい急斜面の途中に、なんとか歩けそうな狭い張り出しがある。キャットウォーク、猫が歩くほどの狭い径《みち》である。実際には猫ではなく山羊《やぎ》が歩いている。ぼくはそこによじ登り、岩肌を伝い歩きした。そして、モホ面に立った。地球を生身で感じる清々《すがすが》しい新年だった。

しかし、せっかくモホ面に立ったとしても、それは陸上に露出して風化したモホ面だ。カンラン岩が変質したものを蛇紋岩《じゃもんがん》といい、もはや生のマントル岩石ではない。また、カンラン石（ペリドット）も変質して蛇紋石になり、もはや宝石でなくなる。蛇紋石は英語でサーペンティンといい、まさに「蛇石」の意味である。

じつはオフィオライトも「蛇石」という意味である。サーペンティンはラテン語起源、オフィオライトはギリシア語起源ということだ。いずれにせよ、変質の影響で緑色の岩肌がツルツルあるいはガサガサで蛇の鱗《うろこ》のように見えるため、このような名前がついた。そして、変質してもろくなっているので、その山道は気安《きやす》には歩きがたい。宮沢賢治もこう詠んだ……

おゝ蛇紋岩《サアペンテイン》のそばみちにそらは薄明のつめたきひとみ

わが青き蛇紋岩《サアペンテイン》のそばみちにことしの終りの月見草咲き

そばみちは岨道、その字のとおり「険岨《けんそ》な山道」である。けっして平坦《へいたん》ではなかった賢治の人生を「蛇紋岩のそばみち」にたとえたのであろう。この短歌を作った時期と重なると思われるが、賢治は国粋主義的な仏教団体「国柱会《こくちゆうかい》」に入信している。その創始者である田中智学《ちがく》は「八紘一宇《はっこういちう》（全世界をひとつの家のようにすること）」の造語者としても知られる。

王妃シェヘラザードの才覚

オマーンでは、現在の首都マスカットよりもかつて繁栄していた古都、ソハールに滞在した。マスカットとドバイのちょうど中間にある。ここは『アラビアン・ナイト』(千夜一夜物語)に登場する「船乗りシンドバッド」の生誕地であるとされている。

いや、イラクの港町バスラの生まれだという説もあるが、いずれにせよ架空の人物のことである。シンドバッドの物語はインド洋航路を舞台にした冒険譚《ぼうけんたん》であり、『アラビアン・ナイト』という大きな物語(いわゆる枠物語)の一部(話中話、劇中劇)である。

『アラビアン・ナイト』は『千夜一夜物語』あるいは『千一夜物語』とも呼ばれるが、これは架空の王妃から王様への千一回の夜伽話《よとぎ》である。

王様は元妻の不貞を見てしまったことで極度の女性不信に陥り、結婚しては妃《きさき》の首を刎《は》ねていた。新王妃は首を刎ねられぬよう一計を案じ、夜伽話をすることにした。

王様はお気楽だ。毎晩、おもしろい話を聞いてはまた翌晩を楽しみにして寝ればよいが、王妃は大変だ。毎晩毎晩、王様の興味を惹《ひ》く話をしなければならない。並みの話し手では早晩首を刎ねられよう。

この偉業を成し遂げたのは大臣の娘だったシェヘラザードだ。ぼくは吟遊科学者として、船乗りシンドバッドの活劇にも心躍るが、書き手としては、王妃シェヘラザードの力量に深く感嘆するものである。

このアラビアの物語が西洋に紹介されたのは1704〜17年、フランスの東洋学者アントワーヌ・ガランによってである。ほぼ同時期の1710〜12年、やはりフランスの東洋学者ペティ・ド・ラ・クロワが『千一日物語』を出版した。まるで『千一夜物語』の二番煎《せん》じだが、当時のフランスでそれだけエキゾチックな東洋説話への人気があったということだろう。二番煎じとはいえ、これが源になって『トゥーランドット』というオペラ（プッチーニ作）も生まれたのだから、立派なものだ。何かを生みだす源（オリジン）になることをオリジナルという。これはもう二番煎じではなく、オリジナルなのだ。

本来のオリジナルである『千一夜物語』からも名曲が生まれている。ロシアの作曲家リムスキー＝コルサコフの交響組曲『シェヘラザード』である。それを聴きながら王妃シェヘラザードの物語力、そして、そもそもその枠物語を作りあげたアラビア人の構想力に思いを馳《は》せる。

アラブ世界の精神的な高みは、「ブルジュ・ハリファ」という超高層ビルだけでなく、民間説話という文化にもはっきり表れていたのだと。オマーンのオフィオライトは地球深部のマントルを見せてくれるだけでなく、アラブ文化の深さを垣間見《かいまみ》る入り口だったのだと。

第二章

ニッポンを探る

「豊潮丸」出航——鹿児島・屋久島〜薩摩硫黄島

巨大な花崗岩の島

広島大学には「豊潮丸《とよしおまる》」という船があって、年に1、2度航海をさせてもらっている。250トン級の中型船、という説明ではわかりにくいだろう。乗員・乗客合わせて定員30名程度といえば想像がつくだろうか。一応、韓国《かんこく》くらいまでなら外航するのだが、じつは韓国より沖縄までの内航のほうが大変だったりする。

沖縄行きは、本土で最後の補給をしたら、あとは島伝いに往くしかない。まず見えてくるのは、九州地方の最高峰を擁する屋久島《やくしま》だ。隣接する種子島《たねがしま》の平たさと好対照である。標高1936mの宮之浦岳《みやのうらだけ》から永田岳《ながただけ》、栗生岳《くりおだけ》の三座が九州全体のトップ3で、名焼酎《しょうちゅう》「三岳《みたけ》」はこれにちなんでいる。それどころか、九州で標高1800m

以上の山はすべて屋久島にある。海上に突如として高山がそそり立つさまは「洋上アルプス」と呼ばれるほどである。

屋久島はじつに不思議な島だ。全山これ花崗岩の島である。ぼくは屋久島を歩くとき、千年杉や縄文杉には目もくれず、ひたすら俯《うつむ》いて歩く。花崗岩の石を見て歩くのだ。

ここは約1400万年前、玄武岩と堆積岩《たいせきがん》からなる海底を突き破ってそそり立った巨大な花崗岩の一枚岩《モノリス》なのだ。SFの巨匠アーサー・C・クラークの名作『2001年宇宙の旅』のモノリスTMA－1をも想起させる、偉大なモノリス島である。

そういえば、花崗岩は墓石にもよく使われる。2008年3月、クラーク氏が逝去《せいきょ》され、ひとつの時代が終わった。ぼくは、屋久島の花崗岩モノリスを通して、クラーク氏のご冥福《めいふく》を祈り、新しい時代の到来を願いたい。

太陽系の岩石惑星―水星、金星、地球、火星―の表層は大まかにいって玄武岩質である。「水の惑星 地球」という表現には違和感を覚えるが（その理由は別に述べる）、とりあえず「水の惑星」である地球では、地下の奥深く、水と岩石の反応で花崗岩ができた。花崗岩は玄武岩より軽いので玄武岩の上に浮く。この浮上岩塊が大陸の素《もと》である。水＝海があってこそ大陸ができたということだ。

　地球表面の凹凸《おうとつ》のうち、凸地が水面上にあるのが陸地で、凹地が水面下にあるのが海と思っている方も多いだろうが、本質的にはそうではない。水面上か水面下かを問わず、この地球表面には軽くて浮上した花崗岩塊の高地（大陸地殻）があり、それを下支えするように玄武岩質の低地岩盤（海洋地殻）が広がっているのである。屋久島が高いわけだ。

　屋久島を過ぎると奄美《あまみ》大島までしばらく大きな港はない。この間にはトカラ列島という小さな島々がある。トカラ、この日本語らしくない響きはなんだろう。漢字では「吐噶喇」と書くが、最初からこんな難しい字が当てられたとも思えないし、漢字の意味に語源が隠されているとも思えない。やはり、トカラという音に秘密がありそうだ。

　一般には、奄美から琉球で「遠くの原」（沖の海原）を意味する「とはら」が語源だとされている。しかし、ぼくはトカラという音韻に心が漫《そぞ》ろ動かされる。もっと遠くの異界の響きだからだ。

　たとえば、トカラ列島のひとつ、悪石島《あくせきじま》には日本のほかの地域では見られない「ボゼ」という仮面神のお祭がある。けばけばしいまでに装飾的なエビのようなセミのような大きな仮面は、東南アジアあるいは南洋のセンスだ。ボゼはどこからやってきたのか、なぜ悪石島にだけ見られるのか、説明も検証もされない謎《なぞ》のままである。

なお、悪石島では２００９年７月22日午前11時ごろ、今世紀最長、４００秒を超える皆既《かいき》日食が見られた。このとき、日本で皆既日食がよく見えたのは、屋久島と奄美大島とその間（トカラ列島）だけである。

美生物クロマチウム

豊潮丸は、屋久島から沖縄に向かわず、針路を北西に変えた。目指すは甑島《こしきしま》だ。甑とは米の蒸し器で、いま風には炊飯器というところか。よく目立つ岩の形が甑に似ていることが島名の由来らしいが、その岩のどこをどう見たら甑に見えるのだろう。ともあれ、上甑の里《さと》という集落に上陸した。ここは陸と島をつないだトンボロという地形の上にある。

トンボロは陸繫砂州《りくけいさす》ともいい、相模《さがみ》湾の江の島の砂州が好例で、干潮時には江の島まで歩いて渡れる。これが大きくなって陸地化すると、人が住むようになる。甑島の里はそういうトンボロ町だし、北海道の函館も巨大なトンボロ都市である。砂上の楼《ろう》閣《かく》ならぬ砂州上の街だ。

上甑には不思議な池がある。名は貝池《かいいけ》という。長目《ながめ》の浜《はま》という海岸に近いので、底には海水が浸入している。つまり、表層は淡水だが下層は海水という2層構造なのだ。あまり上下混合しないため、下層の酸素が消費し尽くされ酸欠（嫌気的《けんき》）になっていることが多い。こういう2層池は世界各地、果ては南極にもあって、貝池だけのことではない。

この2層池の上下境界面にクロマチウムという名の微生物が棲んでいる。光合成をするが、酸素が嫌いな光合成細菌だ。光合成というと、ふつうは植物が二酸化炭素（CO_2）を吸って酸素（O_2）を吐くという、われわれの呼吸と逆の反応を思い浮かべるだろう。しかし、クロマチウムは酸素が嫌いなので、酸素を吸いも吐きもしない。そして、棲むのは貝池の下層のような無酸素の嫌気的環境だ。

しかし、光合成生物の宿命、下層といえども、光を求めてできるだけ上のほうにいなければならない。ゆえに、下層のもっとも表層側、つまり薄く限られた境界層に生息することになる。

クロマチウムは美しい生き物である。もちろん、微生物なので形態美ではない。せいぜい丸っこい球菌か、ソーセージ状の桿《かん》菌で、それはそれなりに機能美はあるのだろうが、積極的に称賛《しょうさん》するほどの美でもあるまい。

クロマチウムが美しいのは、その紫というか紅《べに》というか、細胞の色である。学術的には紅色細菌、英語ではパープル・バクテリアという（より精密には紅色硫黄《いおう》細菌。好色と間違わぬように……）。パープル、不思議な色だ。かの大科学者ニュートンが命名した虹の7色、すなわち太陽光のスペクトルでは、紫はバイオレットである。これは青を超えて蒼《あお》いという意味の紫だ。これを超えると紫外線になる。

ところが、世の中にはもうひとつの紫―パープル―がある。そう、赤と青を混ぜた色だ。ニュートンの虹の7色では対極的な赤と青。青を超えた紫《バイオレット》と、赤と青の紫《パープル》。これを体現した生物クロマチウムはじつに美しい。これぞ微生物ならぬ「美生物」だ。

しかも、クロマチウムは古い生き物である。三十数億年前に誕生してからいまにいたるまで連綿とつづく万世一系なのだそうだ。地球生命の歴史が約40億年といわれているから、そのほとんどを見てきた歴史の証人である。

およそ25億年前の地球史上最初にして最大の環境破壊＝酸素の蓄積《ちくせき》、赤道直下の海洋まで凍りついた全球凍結《ぜんきゅうとうけつ》（スノーボール・アース）、現生《げんせい》の全生物の原型が出揃《そろ》った「カンブリアの進化の爆発」、2億5000万年前の史上最大の生物絶滅、6500万年前の恐竜絶滅、そして、その結果としての霊長類の台頭と約30万年前のホモ・サピエンス出現……クロマチウムはすべてを目撃してきた。

本当にそうなのか、学問的な議論はまだ必要だが、とりあえず「酸素が嫌い」という点は、地球大気が酸素に富む以前、古い時代の生物の特徴と考えてよかろう。

この美しくも古い生物が、世界で3カ所しか見つかっていなくて、そのひとつがなんと貝池なのだそうだ。世界にひとつだけの花ならぬ、世界にたった3つの生息地《ハビタット》。すごい、すごすぎる、と思っていろいろ調べてみたが、それを裏づける文献は見つからない。そもそも、いつだれがそんなことを言いだしたのかもわからない。むしろ、きちんと調べれば調べるほど、クロマチウムは3カ所どころか、世界各地で見つかっていることがわかってきた。おそらく、クロマチウム研究史の初期、ある学者がふと漏らした言説が、そのままアップデートされぬまま都市伝説、いや甑島伝説として固定したのだろう。俗説とはそんなものか。

しかし、貝池に行けば、いつでもクロマチウムに会えることは確かである。貝池では手漕《てこ》ぎボートしか許可されない。オールを櫂《か》いて池の中央部に向かう。甑島は風の島だ。風力発電の風車はブゥンブゥン唸《うな》り、甑島の名の由来になった甑形の岩のある大明神橋では車が浮く。風に逆らって一所懸命にオールを櫂く。汗だくになりながら、「あぁ、オレは甑島に来たんだ」と実感する。そろそろ池の中央部だ。「おぅ、このあたり（深さ）で採ろうや」と相方に合図し、上下境界層を目掛けて採水ビンを下ろす。ビンに水が入った頃合いを見計らって、ビンを上げる。水面からビンが上がる瞬間、心臓がバクッとなる。

紅《あか》いぜっ！　オレはオマエに会いに来たんだっ！　また来たんだっ。

クロマチウムに再会した晩はドンチャン騒ぎ、英語でブーズ（booze）というのに相当するか（アラビア語に由来するそうだが）。甑島の名産・黍魚子《きびなご》を地元の焼酎で堪能するのだ。亀《かめ》の手《て》という蔓脚類《ふじつぼ》の一種も焼酎のアテに美味《うま》い。フジツボは貝類ではなく甲殻類《こうかく》、エビ・カニの仲間だ、食せばそれなりに美味い。

島の観光パンフレットには「何もない島でのんびり」みたいな文句が書いてあるが、それはご謙遜《けんそん》だろう。ぼくには三十数億年を生き抜いた美生物と美酒・美食の島である。わが豊潮丸の針路を向けるに値する。

赤い海、白い海

ドンチャン騒ぎの翌朝、甑島を出港する。

さて、次はどこに行こうか。紅い美生物に会ったあとは、赤い海に行こうっ！ そうそう、近くにあるじゃないか、薩摩硫黄島《いおうじま》、別名・鬼界ヶ島《きかいがしま》。「喜」の喜界島と間違わぬように、こちらは「鬼」である。なんで「鬼」かって？ たぶん、硫黄岳という活火山のせいだろう。1934年（昭和9）にその側火山が噴火して「昭和硫黄島」という新島をつくったくらい活発な火山だ。これを擁《よう》する硫黄島は、遠目には映画『キングコング』に出てくる島みたいだ。ニョキッと高い山があって、その山頂はいつも雲に隠されている。硫黄岳の場合、雲というより噴煙だけど。

この火山活動が海底にまでおよんでいて、島全体が異様な雰囲気に包まれている。海が赤いのだ。いや、ここは赤いけど、あっちは白いのだ。海底から噴出する熱水の成分の違いで赤かったり白かったりする。赤は酸化鉄、いわゆる赤錆《あかさ》びの色だ。熱水中の鉄分が海水と接触してただちに酸化されたのだろう。白は硫黄か。本来は黄色の自然硫黄がコロイドとなり、海水の青と相混じって白く見えるのだろう。それがもっとも顕著なのは島の北東部、「平家《へいけ》の城《じょう》」の地先《じさき》だ。平家の落ち武者がここに見張り台を築いたのだそうだ。ここの白濁した海が源氏の白旗に見えてしかたなかったのかもしれない。

平家といえば『平家物語』、祇園精舎《ぎおんしょうじゃ》の鐘の声、諸行無常の響きあり。日本初の武家政権である鎌倉幕府の転覆を謀った俊寛僧都《しゅんかんそうず》とその一味は、企《たくら》みが事前に発覚し、俊寛を含む3名が捕縛のうえ、鬼界ヶ島に流罪《るざい》となった。その後、2名は恩赦《おんしゃ》により帰還を許されたが、俊寛だけは居残りだ。『平家物語』がそれをよく伝える、「是《これ》乗せてゆけ、具《ぐ》してゆけ」（オレも連れてってくれ〜っ）。ここにある俊寛像は世界でもっとも悲惨な銅像じゃなかろうか（銅像ってふつうは威張《いば》ってるものだろう）。

薩摩硫黄島は、もしかしたら、人間より孔雀《くじゃく》のほうが多いんじゃないかと思う。かつて、観光資源として孔雀の繁殖《はんしょく》を図った業者がいたらしい。でも、その事業が破綻《はたん》して脱走した孔雀が自然繁殖したのだそうだ。そりゃそうだよな、猫みたいな天敵が少ない離島だもの、孔雀みたいに飛ばない鳥が増えるには好都合だ（孔雀はあまり飛ばないだけであって、実際には飛ぶ。ぼくの車の走路に立ちはだかる孔雀を追い払おうとしたら、走って走って走った挙げ句に、飛んで逃げた)。繁殖する間に突然変異で生まれたのだろう、白化個体《アルビノ》、すなわち白い孔雀もたまに見る。以前はまだ珍しかったので「見つけたらラッキー」と言われていたが、このごろは増えてきたのか、よく見かけるようになった分、ラッキー感が減じたように思う。

硫黄島にはアジア初の「ジャンベスクール」もある。ジャンベとはアフリカ(とくにギニアあたり)の太鼓である。なぜ、硫黄島にジャンベ? それは、なぜ甑島にクロマチウム? という問いと同じくらい、理解にも説明にも困る。成り行きなんじゃなかろうか。成り行きって何よ、と問われても困る。必然か偶然かわからないけど、成るべくして成った(結果としてこう成った)としかいえないし。

ともあれ、薩摩硫黄島には硫黄岳と孔雀とジャンベと、赤い海・白い海がある。原始の地球も斯《か》くやあらんと思わせる海、クロマチウムが好きそうな海だ。豊潮丸は船なので、当然、その海で調査し採水する。同時にぼくたちは硫黄岳にも登るのだ。海洋学者は登山家でもある。海底火山を知りたければ、陸上の火山を知るに越したことはない。学生を引率《いんそつ》して火山を登るのも、「吟遊科学者」を標榜するぼくの務めだ。

硫黄岳、その名のとおり、かつては硫黄鉱石を産した鉱山だ。硫黄以外にも桂石や白土という鉱石を産していた。白土は、細かい説明は省くが、紙や化粧クリーム、歯磨き粉など、日常生活を支える重要な原料である。いまは、山頂に放置された重機《じゅうき》が硫黄分で腐食した光景などが見られる。産業遺産として第一級ではなかろうか。ここでもまた紅色硫黄細菌の仲間を探すのだ。

北緯45度、厳冬の町——北海道・幌延

長沼流「苦難解消法」

ぼくはもう30年近く船に乗っている。といっても、年に何回か航海に出るくらいの、いわゆる「なんちゃって」海の男だ。とにかく船に弱くて、船酔いを誤魔化《ごまか》すために酔い止めの薬を飲んでは頭がボーッとし、それから覚めてはまた船酔いで真っ青になる日々を繰り返してきた。それでも歳《とし》を重ねればそれなりに知恵はつくもので、ぼくでも船酔いしない方法を見つけたのである。それは自分よりも弱い奴《やつ》を同乗させることである……。

1年でもっとも暑い時期と寒い時期はそれぞれ夏至と冬至の2カ月後、8月と2月である。この厳冬期を楽に過ごすには、自分よりも寒い地域を見ればいい。

日本でいちばん寒いのは北海道のヘソの周辺、明治35年（1902）にマイナス41℃を記録した旭川《あさひかわ》だ。非公式記録では昭和6年（1931）に美深町《びふかちょう》のマイナス41・5℃があるそうだが、これも北海道のヘソの周辺地域である。まるで南極の昭和基地並みだ。厳寒《げんかん》の晴天下、空気中の水分が凍ってキラキラ輝くダイヤモンドダスト（細氷）というのは南極で見られると思っていたら、北海道でも見られるとは！

1984年、まだ船に乗りはじめる前だ、真冬の北海道は天塩町《てしお》で野外調査をしたことがある。日本で4番目に長い天塩川の河口域が結氷しているとき、氷に穴を開けて水質調査したのだ。公魚《わかさぎ》の穴釣りの要領で作業していたら、近くの氷を突き破ってアザラシが顔を出したのには驚いた。

水質分析するのに小ビンに水を取って薬品を注入しようとしたら、川面《かわも》―むしろ氷面―を渡って一陣の風が吹くや、一瞬にして小ビンの水が凍ってしまった。このとき、地元の人が「今日はシバレルな」と呟《つぶや》いた。ぼくは「シバレル」の意味を体感した。以来、厳寒期には「シバレル」人々を思いだし、自分はまだマシだと温まるのは、船酔い対策で学んだ知恵である。

天塩川の流域に幌延《ほろのべ》という町がある。人より牛のほうが多いのは北海道では珍しくないが、町営ではじまったトナカイ牧場はほかにない。

トナカイの餌《えさ》を買って柵《さく》に近寄ると、餌を目当てにトナカイの群れがわらわらと近寄ってくる。牛と同じ反芻《はんすう》類なので、牛と同じようにだらだらと涎《よだれ》を垂らしながらやってくる。せっかくサンタクロースやクリスマスの関連で「トナカイかわいい」と好感を持っていたのに、これでは「トナカイきもかわいい」だ。でも、そのおかげで、牧場の食堂にある「トナカイラーメン」を注文するのに躊躇《ちゅうちょ》しなかった（ふつうなら「トナカイかわいそう」といいかねない）。

幌延町営はトナカイ牧場だけではない。ブルーポピー園もあるのだ。青いポピーという珍重種である。冷涼《れいりょう》な気候でしか育たないから珍重される、したがって市場価値も高いので、年平均気温5～6℃という幌延は町を挙げて栽培に取り組んでいるのである。ぼくはカリフォルニアポピーの可憐《かれん》にして鮮やかなオレンジ色に郷愁を覚えるのだが、幌延に通ううちに青いポピーにもノスタルジックな思いが生じてきた。でも、ポピーって芥子《けし》（アヘンの原料）の一種ではないか、と思ったら、これは麻薬成分がないそうで安心。

子午線と人間のご都合と

幌延ワンダーランドの話題はまだつづく。

ここは北緯45度の町である。隣接する中頓別《なかとんべつ》町もやはり北緯45度、赤道から北極点にいたる1万kmのちょうど中間点である。1万kmというのは、1875年に「メートル条約」で、「赤道から北極点までを1万kmとし、その1000万分の1を1mとする」と決めたからキリのよい数字なのである（1983年の新定義によるとキリの悪い数字になる）。で、地球1周はちょうど4万kmのはずである。よくよく精度よく測ってみると、やはり〝ちょうど〟ではないが、それでも〝おおむね〟4万kmでよいだろう。ここまではキリがよいのだが、ここからあとが大変だ。

まず、地球の直径は円周÷円周率、地球の円周（約4万km）を円周率（3・14）で割ると割りきれないから、地球の直径もキリの悪い数字になる。

赤道（緯度0度）から北極点（北緯90度）までが1万kmなら、緯度の1度（60分）は1111・111……kmと割りきれなくなり、緯度の1分は約1852mとキリが悪い。

じつはこれが1海里《かいり》、いわゆる海マイルである。

これに対し、陸マイルは約1600m。陸マイルはもともと古代ローマ時代の歩幅から取った。われわれには2歩分にあたる左右の足の運びをもって1歩とし、これが約1・5m（つまり片足の歩幅75㎝）。この1000歩分の1500mが古代ローマの1マイルである。マイル（mile）はラテン語の「1000」（mille）に由来すると知れば納得できるだろう。なお、現代風の1マイル約1600mに準拠して、プロ野球の大リーグで「100マイル」というのは時速160kmの剛速球である。

ジュール・ヴェルヌの名作『海底二万里』（1869—70）の「2万里」はフランス語の「2万リュー」、約8万km（地球2周分）だ。海マイルにすると4万3000海里になる。この作品では、潜水艦「ノーチラス号」のネモ艦長と乗客のアロナックス教授に興味深い会話がある。

「わたしたちの現在位置は東経一三七度一五分……」

「どこの子午線を基準にしてですか？」

『海底二万里』（村松潔訳、新潮文庫）

『海底二万里』の時代はまだ本初子午線《ほんしょしごせん》すなわち経度0度の線がひとつに定まっていなかった。地球儀の横方向、緯度0度は赤道であり、自然に決まる。しかし、北極と南極と結ぶ縦方向の経線（子午線）はどこを0度にするか、自然には決まらない。人間が決めるのである。したがって、フランスはパリ子午線、英国はグリニッジ子午線をそれぞれ経度0度に主張した。しかし、国際化にともない本初子午線の共通化が図られ、１８８４年の国際子午線会議での投票によりロンドン子午線を本初子午線とすることが決まったのだ。現在のグリニッジ子午線である。このとき、日本の投票は八方美人の白票だったそうだ。

本初子午線が決まる約４００年前、クリストファー・コロンブスによる新世界の発見（１４９２）の翌年、すでに子午線をめぐる問題が起きていた。当時のローマ教皇はスペイン出身だったので、コロンブスの航海をスペイン女王が支援したこともあり、母国に有利な計《はか》らいをした。大西洋のある場所（現在の西経38度あたり）に引いた経線を「教皇子午線」とし、それ以西の新世界はスペイン領で、ポルトガルはそれ以東としたのである。

さすがにポルトガルもこの重要性に気づき、スペインと交渉して、教皇子午線は約

１６００㎞西にずらされた。これがトルデシリャス条約（１４９４年）である。この経度は実際には変遷したようで、ここでは仮に西経47度くらいとしておこう。この新しい境界線は新大陸―南米大陸―の一部を南北方向に切っていて、それより東がポルトガル領、すなわち現在のブラジルだ。中南米諸国のうち、唯一ブラジルだけがポルトガル語を話し、ほかはほぼスペイン語を話すゆえんである。

地球は丸い。教皇子午線は丸い地球の裏側にまでおよぶはずである。ここでは仮に東経１３３度としておこう。宍道湖《しんじこ》から瀬戸内の大三島《おおみしま》を経て土佐の四万十《しまんと》川河口を通る子午線だ。これを境として西はポルトガル、東はスペインの勢力範囲のはずである。

ところが、１５２９年のサラゴサ条約により、ポルトガルはスペインに大金を払って、その境界線を東経１４５度、知床半島の先端くらいまで延ばした。これにより、日本列島の上に境界線が引かれることなく、日本はポルトガルと交易したのである。さもなくば、黄金の国ジパングをめぐる領土争いでスペインとポルトガルが日本を戦場にしたかもしれない。

南極はなぜ寒い？

北緯45度の話題のついでにもうひとつ。地球の表面にある陸塊—大陸や島嶼《とうしょ》—は地球の表面を動きまわり、離合集散を繰り返してきた。いわゆる「プレートテクトニクス」である。現在のように7つの海と7つの大陸の時代もあれば、たったひとつの超大陸とたったひとつの超海洋の時代もあった。その時代その時代の大陸と海洋の配置で、地球の気候は大きく違っていた。

ポイントのひとつは地球を横に1周する海流があるかどうかである。もし、たったひとつの超大陸が東西方向に横たわっていれば、その北と南で、海流は地球を横に1周できる。このとき、海流が東向きか西向きかは問わない。とにかく「横に1周」が大事なのである。そうすれば、その1周海流（周極流）によって、北極あるいは南極がほかの地域・海域から隔離《かくり》され、冷える一方になる。

現在の「7つの海と7つの大陸」ではどこを通っても海流は横に1周できない。どこかで必ず陸地にぶつかる。しかし、1カ所だけ横に1周できる場所がある。南極のまわりである。ここには南極周極流という海流があって、南極大陸をほかから隔離している。南米大陸と南極半島の先端同士の間―ドレーク海峡―がもっとも狭い関所のようになっているが、海流は通る。

じつは南米大陸と南極半島はむかしくっついており、それが離れて開いたのはいまから約4000万〜3000万年前のことだ。これにより南極周極流ができ、南極大陸の隔離と寒冷化がはじまった。現在の地球気候システムは「冷たい南極」に支配されているが、そのはじまりはドレーク海峡の開通だったのである。その前は南極にも森林が生い茂り、もっと前は寒さに弱い爬虫類《はちゅうるい》の恐竜が闊歩《かっぽ》していたのである。

いま地球温暖化が声高《こわだか》に語られている。ぼくは気象学者ではないが、温暖化を叫ぶ声には違和感を覚える。ぼくが思うに、地球の自転軸がいまと同じ23度27分で傾いていて、南極周極流があるうちは、南極大陸はずっと地球の冷源でありつづけるだろう。「人為的なCO_2排出により現在の気候システムが崩れ、CO_2の温室効果が自己調節作用(フィードバック)の限界を超えて地球が熱暴走する」という温暖化論者が唱えるシナリオのひとつは、ぼくには信じがたいのだ。

百歩譲って地球温暖化が進行し、深刻な影響が出るとしよう。いろいろ悪い方向の影響が予測されている。とくにぼくが気になるのは農業への悪影響だ。現在75億人の世界人口は今世紀中に100億人を超える、つまり、あと25億人以上も増えるのだ。当然、食糧を増産せねばならぬが、地球温暖化が進行すると増産の可否《かひ》どころか、減産すら懸念《けねん》されているのである。

ところがものは考えようである。地球儀を見ると、なんとなく北極周辺に未利用の土地が集まっているように見える。その大半はツンドラや永久凍土が広がる不毛の地。世界一大きな島であるグリーンランドは氷床に被《おお》われた白い大地だが、入植を促《うなが》すため「緑の土地」と偽装命名したという。しかし、そう遠くない将来、温暖化により、それら不毛の大地が豊穣《ほうじょう》の地へと変貌《へんぼう》を遂《と》げるかもしれない、と考えるのは変だろうか。

もちろん、不毛の地の全部が全部、可耕地になるとはいわない。永久凍土など中途半端に融《と》けたら、ずぶずぶ泥々の湿地帯になって農業どころではない。でも、新しい耕地がまったく増えないというわけでもなかろう。ぼくは専門家ではないので確かな予測はできないが、北半球の陸地の約40％が北緯45度より北の寒冷地にあって、その大部分は不可耕地であること、しかし、温暖化によりその一部は可耕地に転じるだろうことを指摘したい。北緯45度の地に立って、そんなことを思うのだ。

温暖化と「不誠実な真実」

北緯45度の町・幌延には、日本原子力研究開発機構（ＪＡＥＡ）の幌延深地層研究センターがある。岐阜県瑞浪《みずなみ》市にある超深地層研究所と双璧《そうへき》をなす本格的な地下研究施設だ。将来、完成の暁には、幌延は地下５００ｍ、瑞浪は１０００ｍにも達する世界最深の研究所になると期待されている。さらに幌延には、北海道科学技術総合振興センター（通称ノーステック財団）が運営する幌延地圏環境研究所もある。国策として、また、道《どう》や町を挙げての研究振興を受けて、幌延は地下研究の殿堂になろうとしている。

ここで誤解なきよう明言しておくが、幌延や瑞浪の地下研究施設は放射性廃棄物、いわゆる「核のゴミ」を捨てる場所ではない。平成12年（２０００）制定の「特定放射性廃棄物の最終処分に関する法律」に定められた手続きに従って処分場が選定され、その地下に埋設管理（地層処分）するのである。この実施主体は原子力発電環境整備機構（ＮＵＭＯ）といい、前述のＪＡＥＡとは別の組織である。ところが、この実施には民意を重視して慎重に慎重を重ね、現在でもまだ処分場の選定すら行われていないのが現実である。

地層処分を含め、なんでもかんでも反対あるいは賛成の声を上げる人々に申したい。原発反対でも賛成でも結構だし、いますぐに脱原発してもらっても構わない。福島の原発事故が起こるまで、日本の電力の３分の１は原子力発電、それでぼくは天井の蛍光灯の３分の１を消していた。そんなぼくでも思うのは、いますぐ原発をやめても「核のゴミ」は残るということだ。理念や精神論を振りかざしても、放射性廃棄物は消えてくれないのである。

この「不都合な真実」への取り組みは、法律で定められた手順に則《のっと》って粛々《しゅくしゅく》と対処するのが、民主的な法治国家における誠実さというものだろう。これに比べれば、地球温暖化の議論に便乗した煽情《せんじょう》的環境論は、厳冬の町にたたずむぼくには「不誠実な真実」にしか聞こえない。

固有種がいっぱい――滋賀・琵琶湖

天井川とたたら

琵琶湖に行ってきた。正確にいうと、琵琶湖に特有の「内湖《ないこ》」の風情を残す川で舟遊びをしてきた。

内湖というのは琵琶湖岸に散在する潟《かた》（ラグーン）のようなものと思えばよい。戦前は琵琶湖の水位が高く、低地帯が浸水してできた内湖が大小合わせて40以上、総面積は29㎢もあり、日本一深い田沢湖（面積では19位）より大きかったほどだ。これが人間活動と琵琶湖の間の緩衝帯《かんしょうたい》としてはたらき、琵琶湖の自然環境を守るのに役立っていたと地元の人がいうのも納得できる。

しかし、琵琶湖岸の洪水調節や湖水利用により、琵琶湖の水位は数十㎝も下げられた。そのため、低地帯への浸水が引いて内湖は縮小し、さらには潟の宿命であろうか、八郎潟《はちろうがた》のように干拓され、いまでは内湖の総数23個、総面積は約4㎢まで減少した。

なお、八郎潟の干拓前の面積は220㎢、琵琶湖に次いで日本第2位だったが、干拓後に残った水面は48㎢、以前の22％である。これに対し、琵琶湖の内湖で残った面積は以前の15％にも満たない。内湖は、八郎潟より徹底的に、干上《ひあ》がったのである。

そういう内湖の一部が川として残されている。いや、川というより承水路《しょうすいろ》みたいなものだ。承水路とは一種の排水路で、直接の流入をいったん止め、遊水させつつ送流する役割がある。そういうと何か人工的なイメージが浮かぶが、実際はその逆で、承水路といえども残存内湖、そこには情緒豊かな風趣がある。そのひとつ、家棟川の下流に遊んできた。

家棟川の読みは「やなむねがわ」「やのむねがわ」「やむねがわ」などがあるそうだ。ここでは、舟遊び（エコ遊覧）をさせてくれたNPO法人「家棟川《やなむねがわ》流域観光船」にしたがって「やなむねがわ」と読むことにする。

家棟川は琵琶湖の南東岸、滋賀県野洲《やす》市を流れる。野洲といえば、琵琶湖に流入する河川のなかで最長の野洲川を思いだすだろう。利根川が坂東《ばんどう》太郎なら、野洲川は近《お》江《う》太郎と呼ばれたほどの暴れ川である。筑紫《つくし》二郎（筑後《ちくご》川）や四国三郎（吉野川）も暴れ川の兄弟だ。そして、野洲川は天井川だったことでも知られる。

天井川とは河床が周囲の土地より高くなり、場合によっては川の下にトンネルを掘って道をつくるようなこともある。トンネルの天井は川底だから天井川といい、日本各地にある。野洲川は、鈴鹿《すずか》山脈のなかでも花崗岩質の御在所《ございしょ》岳に発するので、風化した花崗岩の砂礫《されき》―真砂《まさ》―を流下させ、野洲市に入ったあたりの平地で堆積させる。この堆積物は川の両岸にたまって自然堤防となる一方、堆積物を河床にとどめ、河床を上げるようにはたらく。同じように花崗岩質の真砂を流下させる出雲《いずも》の斐伊《ひい》川《かわ》もやはり天井川だ。そして、斐伊川も野洲川も、その流域は真砂を原料とする古代製鉄「たたら」のメッカであった。

このように有名な野洲川に比べれば、家棟川は小さく短い川である。それなのに、やはり天井川だ。これが発するのは近江富士と呼ばれる三上山《みかみやま》の東麓《とうろく》にある丘陵《きゅうりょう》である。三上山もまた花崗岩質であり、真砂の源となる。ゆえに、ここに発する家棟川もまた天井川となり、「たたら」の地となる。

大ムカデ伝説

三上山といえば、「俵藤太《たわらとうた》の大百足《むかで》退治」の伝説が有名だろう。近江八景に数えられる瀬田《せた》の唐橋《からはし》に大蛇が出て人々を困らせていたところ、藤太は大蛇を踏んでそのまま橋を渡ってしまった。その晩、その大蛇が娘に化けて藤太に懇願《こんがん》するには、大蛇（琵琶湖の龍神《りゅうじん》族）が三上山の大ムカデに苦しめられているので、藤太に退治してほしいという。藤太はさっそく大ムカデを退治すべく三上山に向かって矢を放つが虚《むな》しい。しかし、最後の一矢に八幡《はちまん》神の加護があり、見事、大ムカデを仕留めたのであった。

俵藤太とは藤原秀郷《ひでさと》のことである。天慶《てんぎょう》の乱（939―940）、いわゆる「平将門《たいらのまさかど》の乱」を制圧した、あの秀郷である。この戦功《せんこう》により秀郷は関東に勢力基盤を持つにいたった。ぼくの父方（長沼氏）は会津若松の出で、おそらく秀郷の後裔《こうえい》、下野《しもつけ》長沼氏の一族だろう……ぼく自身は家系にも家系図にも興味はないが。

ここで大事なのは家系ではなく、大ムカデの正体だ。ムカデは鉱山の神として信仰されていた。薄暗い坑道《こうどう》にムカデが這《は》いまわっていたというのはわかりやすい。さらに想像をたくましくすると、地下に掘った坑道の全貌《ぜんぼう》がムカデのように思えるということもあったのではないだろうか。坑道は主坑道を掘り進みながら、左右にたくさんの支道を掘ることが多い。これはムカデの体のイメージではないか。鉱山師たちはムカデの胎内のような坑道で作業し、そこに這いまわるムカデに自分たちを重ね合わせたのかもしれない。

武田信玄に代表される甲斐《かい》武田氏には、有名な「風林火山」のほかにも「百足」の旗指物《はたさしもの》がある。「ムカデ衆」と呼ばれた使番衆《つかいばん》のものだが、もしかしたら、彼らも鉱山師だったのかもしれない。

そういえば、信玄の軍師だった山本勘助《かんすけ》は色黒の醜男《ぶおとこ》で隻眼《せきがん》、体中傷だらけ、片足が不自由で、指も欠けていたそうだ。これは爆発物を扱う鉱山師あるいは「たたら師」に通じるイメージではなかろうか。ここからも、ムカデと鉱山、とくに鉄山との関連が想像できるのである。すると、三上山の大ムカデは「たたら師」の一派と見ることができる。

日本古代史の大問題

　ムカデと鉄の関連に対して、蛇は銅と強く結びついている。たとえば、旧約聖書には「青銅の蛇《ネフシユタン》」の話が出てくる。さらに、蛇と同じ水神系の龍もまた青銅器によく描かれている。そして、俵藤太がムカデ退治の報酬に龍神から「赤銅《しやくどう》の鍋《なべ》」や「赤銅の鐘」その他をもらったという話もある。

　じつは、三上山を望む野洲一帯は銅鐸《どうたく》の出土地として有名なほど、銅と縁が深いのだ。この地には古代首長の墳墓《ふんぼ》が17基もあり、全体として大岩山古墳群と呼ばれている。ここから、合計24個もの銅鐸が出土した。これは日本最多記録であったが、1996年に島根県雲南《うんなん》市の加茂《かも》岩倉《いわくら》遺跡で39個の銅鐸が出土し、記録を抜かれてしまった。それでも、日本最大の銅鐸は野洲のものである。

　大岩山古墳群は花崗岩質の真砂がつくった天井川（野洲川）の氾濫原《はんらんげん》にある。上流の「鉄の民」が真砂採集のため風化花崗石の山肌を崩す、いわゆる「鉄穴《かんな》流し」をするから、下流の「銅の民」が迷惑を被《こうむ》る。これが「三上山のムカデ」伝説になったのだろうと、ぼくは思う。

同じことが出雲神話にも見てとれる。加茂岩倉遺跡も花崗岩質の真砂がつくった天井川（斐伊川）の流域にある。そして、上流の「鉄の民」の鉄穴流しに対し、下流の農民が中止を求めて訴えたという江戸時代の記録も残っている。古代においては「銅の民」が請願《せいがん》したはずだ。それがヤマタノオロチである。野洲のセンスなら、ここはヤマタノムカデになるところだが、出雲では「銅の民」が自分たちに近い神＝オロチ（大蛇神）を悪者にしているのが興味深い。

野洲という地名は「八つの洲」にちなむという。ヤマタノオロチも「八つの首」を持つという。これは、暴れ川が洪水平野でたくさんの支流に分かれる様子を表している。そして、大雨のたびに氾濫して流路が変わる様子を「オロチの首がのたうちまわる」と表現したのだ。こうして苦しめられている民を代表し、出雲の国津神《くにつかみ》（地祇《ちぎ》）が天津神《あまつかみ》にオロチ退治を依頼した。それが、天照大神《あまてらすおおみかみ》の弟にして、乱暴狼藉《ろうぜき》の咎《とが》で天界（高天原《たかまがはら》）から追放されたスサノオである。

スサノオはオロチを退治し、本来ならオロチへの人身御供《ひとみごくう》になったはずのクシナダヒメを娶《めと》った。そこで詠んだ歌こそ、最初の和歌とされている。

八雲立つ　出雲八重垣
妻籠《つまごみ》に　八重垣作る
その八重垣を

高天原では問題児だったスサノオも、ここ豊葦原中津国《とよあしはらのなかつくに》、すなわち日本の国土で更生し、幸せな家庭を持てた。湧《わ》きいずる雲に幸福感の高まりを重ね、妻を守り、その土地の安寧《あんねい》を守ろうとしたスサノオの決意が読みとれる歌である。

スサノオはオロチ退治ののち、オロチの尻尾《しっぽ》から剣を取りだし、姉の天照大神に献上した。それが天叢雲剣《あめのむらくものつるぎ》、のちにヤマトタケルに渡って草薙剣《くさなぎのつるぎ》と呼ばれるようになった「三種の神器」のひとつである。

この剣について、ぼくは長い間、「鉄剣」だと思いこんでいた。ヤマタノオロチが暴れ川の斐伊川を象徴するなら、その尻尾は上流部の「鉄の民」の領域、その剣ももちろん鉄剣であろう、と勝手に思いこんだのだ。また、スサノオが尻尾から剣を取りだすとき、スサノオが手にしていた十拳剣《とつかのつるぎ》とかちあって十拳剣のほうが欠けたという記述がある。これもまた、十拳剣が銅剣（おそらく下流域の「銅の民」がくれたもの）、オロチ体内の剣が鉄剣であると、ぼくに思いこませるに十分だった。

ところが、天叢雲剣が鉄剣であるという記述はどこにもない。銅か鉄かという材料に関する記述はいっさいないのだ。日本の古代史を「銅と鉄」「蛇とムカデ」の対立図式で読み解こうとするぼくにとって、これは一大事である。いや、ぼくだけでなく、日本古代史学界の大問題なのではないだろうか。日本の重層的な歴史構造における基盤が古代史である。

すると、「天叢雲剣は鉄か銅か」という問題こそ、「この国のカタチ」における本質的な重要テーマであるとぼくには思えてくる。邪馬台国《やまたいこく》はどこか、卑弥呼《ひみこ》の墓はどこかという問題も、もしかしたら、「天叢雲剣は鉄か銅か」という問題と絡みあっているような気がしてならない。

奇跡の古代湖

琵琶湖に戻ろう。家棟川でエコ遊覧した後、地元の湖魚《こぎょ》料理をごちそうになった。

有名なのは琵琶湖の固有種ニゴロブナ（厳密には固有亜種）を用いた鮒寿司《ふなずし》だろう。これは好き嫌いあるが、「熟《な》れ寿司」に特有の臭気にさえ慣れれば、乳酸などの有機酸味を楽しめるはずだ。「熟れに慣れる」というところか。味は薄いが小粒でかわいらしいセタシジミも琵琶湖固有種である。そして、その名のとおり、ビワマスも琵琶湖を代表する固有種（あるいは固有亜種）である。

琵琶湖には固有種とか固有亜種とか、ほかでは見られない生物種が50種以上も生息している。ただ、種の分類にはいろいろな学説があるので、固有種の数にも異見がある。もしかしたら、固有種の数より、学説の数のほうが多いかもしれない。いずれにせよ、琵琶湖は固有種が多い水域であるといってよい。それは、琵琶湖が他水系と長期にわたって隔離されてきたからである。

まず、琵琶湖は「大きな川」の一部であることを理解すればよい。ある川が何百万年もずっと存在しつづけたら、そこに生息する生物もそれなりに進化し、やがて固有種が誕生するだろうことは想像にかたくない。

では、琵琶湖が「大きな川」の一部であるとはいったいどういうことか。河川法《かせん》によると、琵琶湖は一級水系「淀川《よどがわ》水系」に属する一級河川である。つまり、淀川水系全体が「大きな川」であり、その大きな支流の一部が「一級河川琵琶湖」なのである。

淀川水系に流れこむ河川（支流）の数は965本で日本最多、そのうち、119本が琵琶湖への流入河川（支流）である。支流数の第2位は信濃川《しなのがわ》の880本なので、淀川水系が1位でいられるのは一級河川琵琶湖のおかげである。琵琶湖に入る河川は多いが、琵琶湖から出るのは瀬田川の1本のみだ。これが京都府に入ると宇治川に名を変え、京都と大阪の府境近くの大山崎で桂川《かつらがわ》および木津川《きづがわ》と「三川合流」して淀川となる。

さて、琵琶湖が「大きな川」の一部であることはわかったが、それが何百万年も存在しつづけたというのは、ちょっと想像できないだろう。日本のように地殻変動の激しい国土にあって、かつ、氷期─間氷期のサイクルにともなう海面の上昇・低下、いわゆる海進・海退のせいで冠水したり干出したりする潟湖《せきこ》（ラグーン）にあっては、何百万年も存在するのはとても難しい。しかし、琵琶湖はなぜそれができたのだろう。

琵琶湖が位置するのは、本州のもっとも括《くび》れて低いところ─近江盆地─である。ここを日本海からの冬風が吹き抜け、伊吹《いぶき》山地に豪雪をもたらし、琵琶湖北東岸の米原《まいばら》あたりで東海道新幹線が立ち往生することになる。東海道といっても、本来の東海道は琵琶湖南東岸の野洲川に沿うルートだった。野洲川から伊賀《いが》盆地（上野盆地）に入り、鈴鹿峠を下って亀山《かめやま》に抜けるルートである。

じつはこの伊賀盆地、かつては琵琶湖――古琵琶湖――だった。大山田湖《おおやまだこ》という。約400万年前、この盆地に水がたまったのだ。古琵琶湖は、その後の地殻変動（造山運動）により少しずつ北西に移動し、甲賀《こうが》の佐山湖をへて、約40万年前からいまの位置に落ち着いている。

かつての湖底に堆積した泥は「湖成層《こせいそう》」という地層になる。これは粘土質で、焼き物の陶土には好適である。よって、信楽焼《しがらきやき》（甲賀）と伊賀焼が発達した。ともに日本六古窯《こよう》に数えられる（伊賀焼ははずれることもある）。しかし、粘土質の土地は農業には不向きだ。それで、農業に頼らずにすむよう、多様な技術を発展させていった。とくに発達したのは「忍びの術」である。甲賀忍者と伊賀忍者を生んだのは、まさに古琵琶湖の置き土産、湖成層なのである。

琵琶湖のように古い湖を「古代湖」という。琵琶湖は世界でも1、2位を争うほど古い湖だ。ほかにはバイカル湖とタンガニーカ湖が有名だが、この2つはそれぞれ世界1、2位の深い湖であり、形も大きさもそっくりである。どちらも大地の裂け目

（地溝帯）にできた湖で、ずっとその場を動かずにきた。そのおかげだろう、タンガニーカ湖は固有種の宝庫で、とくにシクリッドという魚類はいまでも新種を生みだしているという。それに比べれば、琵琶湖は移動しがちなうえに、両者に比べれば浅く、まるで盥《たらい》のような湖であるといえよう。

あまり知られていないが、最近になって発見された古代湖がある。しかも、琵琶湖の面積の20倍もあるという巨大湖だ。そんなに大きな湖がなぜ最近まで知られていなかったのか。それは、南極のぶ厚い氷床の下に隠されていたからである。

少なくとも過去１０００万年以上も、富士山（３７７６ｍ）より高い、いや厚い氷床によって外界から隔離されてきた「ボストーク湖」。そこでどんな固有種が進化したのだろう。ここを目指して氷床掘削が進められていたが、２０１２年2月、ついにその水面に到達した。今後も本格的な調査が期待されている。

第三章

いざ、北極へ

白夜の街——サンクトペテルブルク

極地に世界の注目が集まる

白夜《びゃくや》のサンクトペテルブルクに来ている。帝政ロシアの都にして、大都市としては世界最北の街。更《ふ》けても暮れぬ夜に、地球の反対の南極は明けぬ夜（極夜《きょくや》）なんだと思いをめぐらす。

ここに来たのは「南極研究科学委員会」の隔年大会＝ビエンナーレに参加するためである。これはただの委員会ではない。世界中のおもな学会と科学アカデミー（日本だと日本学術会議）を傘下《さんか》に収める「国際科学会議」の直轄《ちょっかつ》組織なのだ。南極を人類共有の平和大陸として管理しようという人間精神の至宝のような「南極条約」。この実施組織のひとつがこの委員会なのである。

どのビエンナーレも重要なのだが、今回はいつになく大きな意味をもっていた。それは「国際極年」と重なる初めてのビエンナーレだということだ。

国際極年は、２００７年から２００８年にかけて地球の極—北極と南極—を徹底的に調査する科学界の一大イベントである。なぜ、北極や南極か。それは、地球環境が変動するとまっ先に北極や南極に影響が現れるからである。人間ドックならぬ地球ドックか。前回から50年ぶりの総合健診である。

国際極年は１８８２—８３年に行われたのが最初で、その50年後に第２回（１９３２—３３）が実施された。さらに25年後には国際地球観測年（１９５７—５８）という名称で地球の総合健診が行われた。これに初めて日本が参加すべく、１９５６年秋、第１次南極地域観測隊（ＪＡＲＥ）を乗せた観測船「宗谷《そうや》」が出航し、年が明けて１９５７年に昭和基地が建設されたのである。

ちなみに昭和基地の設営記念日（１月29日）は、日本人初のプロの宇宙飛行士・毛利衛《まもる》さんの誕生日である（ただし生年は１９４８年）。日本人で初めて宇宙飛行したのは秋山豊寛《とよひろ》さんではないか、という声が聞こえてきそうだ。たしかに、そのとおりである。ただし、宇宙飛行士とは一種の「資格」である。宇宙飛行の順番ではなく、宇宙飛行士の資格取得の順番でいえば毛利さんのほうが先だし、まして職業宇宙飛行《プロ》士だと毛利さんである。その毛利さんが2007年の誕生日に昭和基地を訪れたのも国際極年ならではのイベントだった。

今回の国際極年では自然科学、社会科学、人文科学から幅広い研究が行われている。このうち、国際共同提案「MERGE」は今回の極年をよく象徴している。というのも、今回は地球環境と微生物が新たなテーマとして注目されているが、MERGEはまさに「極域における地球環境変動への微生物学的および生態学的な応答」が正式名称であり、研究目的であるからだ。

英語でmergeは合流・合併を意味するように、さまざまな国から多くの研究者がMERGE傘下に入ってくれた。この国際代表はぼくが仰せつかっている。国際極年125年の歴史において初めて、日本人が国際リーダーとなったのだ。まあ、星のめぐりあわせというか、偶然と幸運の産物なのだが、国際極年の舞台に「日の丸」が揚がるのも悪くあるまい。

世界最古の文明

2007年3月1日にパリで開催された国際極年の開幕式典にぼくも招待された。こういう歴史的イベントに参加するのも人生経験だ。パリに行ったついでに、ルーブル美術館に寄った。おりしも、ダン・ブラウン原作の映画『ダ・ヴィンチ・コード』の影響で開館前から長蛇《ちょうだ》の列、うしろに並んでいた日本人の話し声が聞こえる、「まずモナリザでしょ、次にあれでしょ……で2時間で廻《まわ》れるかな」。これを聞いて、ぼくの天邪鬼《あまのじゃく》が騒ぎはじめた。いかにしてモナリザを観ずに有意義《ゆうい ぎ》な時間を過ごせるだろうか、と。

ぼくは古代メソポタミア、とくにシュメールの間に直行した。パリという都市から何か霊感を得たのだろう、モナリザより都市の起源への興味が勝ったのだ。世界最古の都市はメソポタミアに発する。もともと生命の起源とか宇宙の起源とか、ぼくは起源（オリジン）モノが好きなので、悪くない選択だ。そして、シュメールといえば楔《くさび》形《がた》文字である。

楔形文字は粘土板への線刻《せんこく》である。先が楔形の尖筆《スタイラス》で線刻したのがはじまり、ということは歴史の教科書などで漠然《ばくぜん》と知っていた。しかし、具体的にどういう方法で線刻されたかは知らなかった。ここで、百聞《ひゃくぶん》は一見に如《し》かず。円筒印章《えんとういんしょう》と呼ばれる円筒状の石の表面が線刻されているものがある。これを粘土板の上で転がすと、絵巻物が広げられるように線刻画や線刻文字が写しだされる。そう、円筒印章は転写の原版なのだ。

円筒印章は、紀元前3500年くらいに現れたときは封印としての粘土（封泥）に印影を残すために用いられたようだが、のちに粘土板への転写に使われた。こうすれば、次から次へ、世代から世代へ、その集団の歴史物語―文化―を伝えることができる。記録媒体かつ転写媒体としてすばらしい発明ではないか。このような媒体《メディア》は文化の継承だけでなく、文明の勃興《ぼっこう》、すなわち都市の誕生にも役立っただろう。この都市がシュメールのウルク、世界最古の文明シュメールの都である。

文化と文明がある。その違いを学生に訊くと、文化は身体感覚的だが文明は建造物があるイメージ、あるいは、文化は家内制手工業的だが文明は石油コンビナートのようなイメージという答えが返ってきた。文化も文明も明治時代の造語だ。ぼくは造語の本質を考えるとき、まず英語では何というか、そして、その語源は何を指していたのかを考えるようにしている。それが最良の思考法であるか否《いな》かは別にして。

文化は英語でcultureといい、その語源はラテン語で「耕作」を意味するcolereである。土を耕すのはたしかに身体感覚的である。これに「土地」を意味するラテン語agerがついて農業agricultureになった。しかし、片仮名のカルチャーにはいわゆる教養というようなイメージもある。農業と教養がどうつながるのか。ぼくの屁理屈《へりくつ》では、耕作は土を解《ほぐ》して根の成長を促すとともに、土中に空気（うち酸素20％）を送りこんで酸欠を防ぐ。教養は精神を解して心に酸素を送る。ともにリフレッシュの業《わざ》である（異端的な宗教団体を指すカルトcultの語源は礼拝や祈禱《きとう》を意味するラテン語cultusである）。

一方、文明は英語でcivilizationといい、ここでは「市民」civilの存在が前提となっている。市民というといまでは庶民と区別がつかないが、この言葉がつくられた時代は、人間は為政者と市民と奴隷に大別されていた。ただし、市民はのほほんとした有閑人《ゆうかん》ではなく、兵役義務や参政権があった。支配者と被支配者の中間層としての市民が存在しうるのが文明である、ということもできる。ここで、文明のキーワードは農業と都市だ。

農村文化と都市文化

人間社会は本質的に生産者と消費者からなる。皆が生産活動（おもに農業）に携わり、皆で等《ひと》しく生産物を消費する原始共産制という言葉があるように、人間が純粋で無垢《むく》な原始時代にはこんな理想社会が実現されていた。

いや、そんな理想社会はなかったというのが現代の定説である。人間―ホモ・サピエンス―は最初から汚れていて、純粋でも無垢でもない。豊かで発展が進んだ地域では、大昔から支配者と被支配者に分かれていた、すなわち古代奴隷制だった可能性がある。支配者の特権享受の背景は武力と祭祀《さいし》である。それは21世紀の今日でもいくつかの国で実証されている。

ところが、この関係にも弱点があって、それは支配者の代替わりの問題である。だれもがスーパー消費者としての特権を享受する支配者の地位につきたいので、そのままでは争いが起きる。毎回毎回争っていたのでは集団が疲弊《ひへい》する。そこで、この関係を固定する方便として王権神授説が考えだされた。古代メソポタミアのハンムラビ法典に記されているそうである。古代中国に発する易姓《えきせい》革命論も王権神授説と通じる部分がある。これらに比べると、古代エジプトの王（ファラオ）はもっと直接的で神権皇帝、すなわち自分自身が神だった。いずれにせよ、支配者—被支配者の関係を固定するには便利な方便である。

すでに身体感覚として体験済みだろう、皆が同じ作業をするより分業したほうが効率的である。社会という大規模集団もそうで、皆が等しく生産し、皆で等しく消費するより、生産と消費に分業したほうが繁栄する。このような分業社会における消費者は、よほどの有閑人でなければ、一言では表せないほど多種多様な社会の諸事に勤《いそ》しむことになる。家庭における専業主婦と似ているかもしれない。

また、生産者は生産地に、消費者は消費地に集中したほうが効率的なので、分業とともに生活圏の分化もはじまった。都市と農村の分化である。農業は肉体労働であり、農村は身体感覚的な社会なので、文明か文化かと問われたら、文化をつくり文化を継承する社会であるといえるだろう。

一方、都市は、道路や上下水道など目立たない社会基盤《インフラストラクチャー》の下部構造とともに、大きな建造物で特徴づけられる。もちろん、大きな建造物といえども、その細部にはマニアックなこだわりの装飾や意匠が施《ほどこ》され、その身体感覚的な営為は文化的といえる。しかし、その装飾や意匠を乗せている大きなものは文明的である。そもそも、その装飾や意匠を施した者――たとえば表具経師《きょうじ》――の存在こそが文明的なのだ。ここに、農村文化とは異なる都市文化が誕生した。

農村文化は親から子へ、子から孫へと口伝的に継承される。しかし、都市文化は、いったん発信されたら、あとは不特定多数から不特定多数へと変容しつつ広まっていく。そこで、社会制度や（為政者に好都合な）歴史については変容しない方法で継承する必要が生じた。そこで生まれたのが記録媒体である。古代のパピルス然《しか》り、羊皮紙然り、粘土板もまた然り。

しかし、これらの記録媒体にも弱点がある。書写する際の誤記だ。生命の設計図といわれるＤＮＡ（遺伝子の本体）でさえ、複写する際に1億分の1の割合で誤写するのだ、人の手による書写でも誤記ゼロはありえない。そこで、古代メソポタミアでは記録と転写を兼用する媒体として円筒印章が発明されたのである。

誕生期の円筒印章を観て都市と文明の起源に思いをめぐらし、ぼくの「モナリザ抜きのルーブル」見学は終わった。そして、いま、パリのルーブルにも比肩《ひけん》する、サンクトペテルブルクのエルミタージュ美術館に来ている。ルーブル美術館がかつてのルーブル宮殿なら、エルミタージュ美術館の本館は冬宮《とうきゅう》である。

サンクトペテルブルクという都市名は、帝政ロシアのピョートル大帝（1672—1725）が、自分の名と同じ聖ペテロを称《たた》えて1703年に命名したものだ。約200年後の1914年、第一次世界大戦でロシアとドイツが戦ったとき、「○○ブルク」というドイツ風の名前からロシア風のペトログラードに改名された。その直後の1917年、ボリシェビキが政権奪取《だっしゅ》し、共産主義時代となった。その指導者だったレーニンが没した1924年、彼を称えてレニングラードと再改名された。空港地の3文字コードはいまでもレニングラード時代のLEDだ。1991年に共産主義が崩壊すると、住民投票によりサンクトペテルブルクに戻ったのである。

大資源の眠る土地

聖ペトロはキリストの使徒である。ペトロPetroとはもともと岩や石を意味しており、彼の宗教心が巌《いわお》のように揺るがないことを象徴している。日本語だとさしずめ「岩男《いわお》」という名前に相当するだろうか。キリスト教圏ではピーター、ピエール、ペーター、ピエトロ、ペドロ、ピョートル等々、男子の名前として人気が高い。

ペトロは石である。だから石油もペトロリウムPetroleumという。20世紀文明を支えた資源だ。21世紀の文明も引きつづき、石油資源への依存がつづくだろう。

この資源の価格が高騰すると、文明を底支えする市民の生活が脅《おびや》かされている。それに比べれば、たとえ地球温暖化で島が水没し、その島の文化が失われることはあっても、文明まで崩壊する事態には陥《おちい》らないだろう。しかし、石油高騰の影響は文明社会の基盤を直撃する。もしかしたら、文明にとって本質的に深刻な問題なのは、地球温暖化より石油高騰ではないだろうか。

石油を「地球の血液」にたとえる向きがある（石油ではなく水を挙げる人もいる）。それほど重要という比喩《ひゆ》であろう。しかし、石油は地球にではなく人間にとって重要なだけである。しかも、石油の最初の活用法は「燃える水」、すなわち燃料としてだった。それが悲劇のはじまりである。

燃えるものならほかにもいくらでもある。米国などは灯油源たる鯨油《げいゆ》を求めて捕鯨しまくっていたほどだ。たんに暖《だん》がほしいのなら、原子力も選択肢のひとつだろう。しかし、石油にはほかに代えがたい役割がある。それはプラスチック製品の原料としての役割だ。

石油を燃やすのは愚の骨頂であろう。石油はプラスチックにしてこそ意義がある。20世紀文明を彩るものは多けれど、その最たるものは石油化学製品ではなかろうか。もっとも最初は石炭が原料だった。商業的に生産された最初のプラスチック「ベークライト」は１９０７年に初めて石炭酸《せきたんさん》（フェノール）から合成された。「石炭と水と空気から作られ、鋼鉄よりも強く、蜘蛛の糸より細い」というナイロンは１９３５年に合成された。

その後、使い勝手の悪い石炭から、液体で扱いやすい石油へと原料の主力がシフトし、石油化学コンビナートに象徴される重化学工業やファインケミストリーが発達したのである。その産品であるプラスチックやポリマーはいまや日常生活や産業活動の中枢《ちゅうすう》を成している。もはや、ペトロリウム抜きに現代文明は生きていけない。

じつは南極大陸や南極海にも石油や石炭などの資源がある。しかし、資源をめぐって局地紛争が勃発《ぼっぱつ》し、それが世界大戦にまで広がることを、われわれは20世紀に学んだ。その教訓を活かして、１９９８年、南極条約協議国における鉱物資源開発を50年間禁止するという「環境保護に関する南極条約議定書」が発効した。資源を云々《うんぬん》すると紛争や戦争になるのがオチ、だから、初めから資源の話は抜きでいこう、という精神だ。高尚《こうしょう》さには欠けるが、人間の本性をよく理解した条約である。

もし、われわれが本質的に進歩し、資源をめぐって紛争も戦争もせず、皆で平等に分かちあう原始共産制のような理想を実現できたなら、それが南極の新時代になる。現在の南極条約は２０４８年に運用見直しがある。そのとき、われわれは「新・南極条約議定書」を提唱し、世界中の合意を取りつけることができるだろうか。21世紀文明の存亡の一端はここにあり。そんなことに思いをめぐらすサンクトペテルブルクの白夜である。

世界最北の温泉を目指せ！

太陽が沈まない島

　サンクトペテルブルクは「北方圏で最大の都市」である。しかし、サンクトペテルブルクは北緯60度、北方圏といえども北極圏（北緯66度33分以北）ではないので、真の白夜、すなわち沈まない太陽―midnight sun―は体験できない。サンクトペテルブルクの真夜中は、陽《ひ》は沈んでもまだ明るい薄暮という程度の「気分は白夜」だ。

　ぼくは真の白夜を求めて、さらに北へ向かった。北極圏の中心地（Arctic heart）と呼ばれるスバールバル諸島だ。むかしはスピッツベルゲン諸島と呼ばれていたが、いまでは「冷たい浜」を意味する古ノルウェー語でスバールバル（Svalbard）と呼ばれ、その最大の島がスピッツベルゲンと呼ばれている。オランダ語で「のこぎり山」という意味だ。

この「のこぎり山」の島に首府ロングイヤービエンがある。北緯78度、ここまで来ればば「真の白夜」が体験できる。真夜中でも陽が沈まない。陽は地平線からあまり離れず、地平線に沿うように、いや地平線の上を転がるように動くのだ。真夜中の地面に映る自分の影がとても長いことに驚く。

スバールバル諸島はノルウェー領である。ノルウェーの首都オスロから、そして、北極圏で最大の街トロムソからも、ロングイヤービエンまで定期便が飛んでいる。地図で見ればノルウェーがいちばん近いので、ノルウェー領でも頷《うなず》けるのだが、そうなるにはひと悶着《もんちゃく》あった。その解決策として、南極での資源紛争を回避すべく南極条約が結ばれたように、ここでもスバールバル条約という取り決めが交わされた。これによりスバールバルはノルウェーの主権下に置かれたものの、全面的な統治下にあるかというと、そうでもない。これを理解するには、スバールバル小史をひもとかねばならない。

スバールバルは12世紀以前にバイキングが発見していた可能性があるが、記録に残る発見としては1596年、オランダ人のウィレム・バレンツによる報告が最初である。彼の名はスバールバル諸島の東、バレンツ海に残っている。バレンツによる報告後、スバールバルは北洋の捕鯨基地として利用された。ちょっと前までホッキョククジラ（*Balaena mysticetus*）を乱獲し、激減させた国々が、いまでは反捕鯨の大合唱だ。捕鯨の衰退と裏腹に、19世紀末から20世紀初めにかけて、スバールバルは炭鉱の島として利用されるようになり、アメリカ、イギリス、ロシア、スウェーデン、そしてノルウェーが炭鉱を操業《そうぎょう》した。こうなると、国際的な調整が必要である。そこで1920年に結ばれ、1925年に発効したのがスバールバル条約である。

この条約では、スバールバル諸島におけるノルウェーの主権は認められているものの、すべての署名国はスバールバル諸島で経済活動を行う権利を等しく有すると謳《うた》われている。経済活動といっても、実際には炭鉱操業が中心であり、現在までにロシアがこの権利を行使している。たとえば、スピッツベルゲン島にはロシア人の自治区のような居留地《きょりゅうち》バレンツブルクがある。さらに、条約署名国の国民であればスバールバルに居住する権利を有するので、たとえば欧州連合（EU）に拒否された移民がここに安住の地を求めることもあるようだ。ちなみに、1943年にロングイヤービエンはナチスドイツの攻撃を受けて壊滅《かいめつ》した。第二次世界大戦はこんな極北の地までおよんだのである。

地球最後の貯蔵庫

捕鯨と炭鉱を背景に開発されてきたスバールバルも、現在は北極における科学調査の基地として広く利用されるようになってきた。まず挙げるべきは、ロングイヤービエンの北西約100㎞に位置するニーオルスンだろう。もともと炭鉱の町だったが相次ぐ事故災害により1962年に廃鉱され、1968年から科学研究の基地に用いられるようになった。1980年代から研究施設が拡充《かくじゅう》し、いまでは国際研究村が形成され、日本も宿泊可能な研究施設を有している（実際には民間の管理運営会社と賃貸契約している）。

また、ロングイヤービエンには「世界最北の○○」が数多《あまた》あるが、そのなかでも世界最北の大学は特筆すべきだろう。1993年に開学したスバールバル大学センターUNISである。約350名の学生のうち半数はノルウェー、半数は諸外国から来ている。さらに、ロングイヤービエンのMine7という炭鉱近くの山の中腹（標高445

m）には高層大気を調べる国際計画ＥＩＳＣＡＴの高性能レーダーがあり、地球環境変動の予測に資するデータを集めている。ぼくはこの山に登り、そこから氷河谷を見下ろす断崖《だんがい》絶壁に腰掛けてコーヒーをすすったものだ。

スバールバルの科学研究というか、そういう理系的な施設のひとつに世界種子貯蔵庫（Global Seed Vault）がある。これは２００８年2月26日に開所した施設で、ノルウェー政府、世界作物多様性財団および北欧遺伝子資源センターの3者協定で運用される施設だ。食用に供する植物――とくに穀物――の種子を保存する施設（種子銀行 seed bank）は日本を含め世界各国に約１４００カ所あるが、ここの施設は「銀行の銀行」みたいなものである。戦争や天災、その他いろいろな理由でどこかの種子銀行が消滅したときに備えたバックアップとでもいおうか。

ロングイヤービエン空港近くの山腹《さんぷく》に長さ１２０ｍのトンネルを掘り、年中マイナス3℃で一定した永久凍土のなか、さらにマイナス18℃まで下げての冷凍保存。まるで核シェルターのように頑丈な貯蔵庫には最大４５０万組の種子が保存可能だ。寄託される種子の種類や品種は今後さらに増えるだろう。

＊２０１７年5月、突発的に永久凍土が融けた水が世界種子貯蔵庫の入口に流入し

たが、120mもある長い廊下の途中でまた凍ったので、貯蔵庫には達しなかった。

現在約150万種あるという作物の種子を集められるだけ集めて保存する。この、あたかも「地球最後の貯蔵庫（doomsday vault)」をつくろうという営為は、ぼくには植物版「ノアの方舟《はこぶね》」のように思える。なんらかの理由で世界の穀物が絶滅し、人間が飢餓《きが》の危機に陥ったら、この貯蔵庫が救世主となるかもしれない。いや、もしかしたら、この貯蔵庫を開けることなく人類が絶滅するかもしれないし、人間絶滅後の地球で、この中で種子が眠りつづけるかもしれない。

この北辺《ほくへん》の地に人間の祈りをこめた貯蔵庫が埋められている。それを目の当たりにし、その意味を考えれば、だれでもその荘厳さに気圧《けお》されるだろう。ぼくは気が遠くなり、北極の時空に放りだされた。

化石燃料の宝庫

ここは北極だ。ロングイヤービエンの気温は1年で均《なら》すとマイナス4℃。これでも北緯78度にしては暖かいほうだ。はるか南方のメキシコ湾に発する暖流の終着点という地の利のおかげである。しかし、むかしはもっと暖かかった。大陸移動《プレートテクトニクス》でもっと低緯度にあったため、ではない。南極大陸がずっと地球儀の底―南極―の位置にあったように、スバールバルも地球儀の天辺《てっぺん》―北極―の位置にあったにもかかわらず、である。

たとえば5500万年前のスバールバルは、ヤシが生い茂りワニが住む亜熱帯気候だったのだ。恐竜時代もまあまあ温暖だったようで、アロサウルスなどの恐竜化石も出てくる。オスロ大学自然史博物館の研究者がここで史上最大級、15ｍ長のプリオサウルス（海生首長竜）の化石を発見したと報じた。ちょうど世界種子貯蔵庫の開所から3日後、2008年2月29日のことである。

恐竜の化石が出るくらいだから、ほかの化石もたくさん出る。氷河の末端部にはモレーンといわれる岩石の砕片丘《さいへんきゅう》があるが、スバールバルの氷河を歩くと、木の葉の化石くらいならゴロゴロ転がっている。木の葉の化石があるのなら、木の幹の化石もあるはずだ。もちろん、ある。石炭である。石炭は木が土に埋まって炭化したものだ。炭化したら石炭、珪化《けいか》したら化石だ。石炭と化石は紙一重、石炭が化石燃料といわれるゆえんである。そして、スバールバルが炭鉱開発されてきたゆえんでもある。

化石燃料を燃やすのは、むかしの植物が吸収した二酸化炭素CO_2をいまの大気に戻すことである。スバールバルの大地に石炭として閉じこめられたCO_2を、せっせと掘り返しては燃やして現在の大気に排出している。もちろん、地球温暖化に無関係ではありえない。スバールバルの石炭だけではない。じつはノルウェー本国は、ロシアやサウジアラビアなどに次ぐ原油輸出国であり、北海油田の恩恵で1人当たりの国内総生産（GDP）は日本の2倍以上という豊かな国である。しかし、この豊かさは地球温暖化と表裏一体、石炭だけでなく石油の面でもCO_2排出問題に深く関係しているのだ。

ここでふたたび、スバールバルの科学的意義の登場だ。スバールバルは北極への入り口であり、北極圏の中心地でありつづけた。それゆえ、スバールバルほど高緯度にありながら古くからの気象データが揃《そろ》っている場所はほかにない。とくに気温のデータは重要である。というのも、「地球温暖化は虚構《きょこう》だ、じつは地球は温暖化してなどいない」という意見もまだ根強いからである。

しかし、ここスバールバルには、過去100年間に6℃、この30年間で4℃も平均気温が上昇したという記録がある。これは地球温暖化を支持する最強の根拠のひとつとされている（ただし、スバールバルの異なる地点、かつ、異なる方法で計った気温を連続させたデータなので、必ずしも簡単な比較はできない）。

世界極北の湯を愉しむ

スバールバルの地層に埋もれた石炭を眺めては北海油田がもたらす富を羨《うらや》みつつ、地球温暖化やCO_2排出問題に思いをめぐらす。そして、地球温暖化の動かぬ証拠とされる長期観測データがここにある。こうなるとスバールバルは地球温暖化研究の聖地のようにも思えてくるが、ぼくがここに来たのはそのためではない。

ぼくがここに来たのは「世界最北の温泉」を訪ねるためだ。もちろん温泉宿があるわけではないし、湯温というか水温も25℃以下なので、日本の温泉法で定義される温泉ではなく冷泉あるいは冷鉱泉である（温泉の定義は世界的にいろいろある）。しかし、ただの泉ではない。ノルウェー極地研究所の出版物『スヴァールバルの地質』(Geology of Svalbardの日本語版）によると、「トロルの泉」という石灰岩の棚田、いわゆる石灰華テラスがあるというのだ。

石灰華テラスや棚田状の段丘は中国九寨溝《きゅうさいこう》の五彩池《ごさいち》や米国イエローストーンのジュ

ピターテラスなどで有名だろう、秋芳洞《あきよしどう》などの鍾乳洞《しょうにゅうどう》でもよく見られるトラバーチンという石灰岩沈殿物の一種である。その最北地がロングイヤービエンから北北西約150kmのボックフィヨルドにある！　世界各地で石灰岩と微生物の関係について調べているぼくは、「トロルの泉」の記述と写真に魅了されて、ここまで来たのだ。

ボックフィヨルドまで道はつながっていない。陸路は氷河で遮《さえぎ》られるので、海か空から行くのが現実的だ。調査日数に限りがあるので空路を選んだ。ヘリコプターだ。片道約1時間のフライトは山を越え氷河を越え、見事なパノラマを堪能できるだろう。胸を躍らせて指定時間に空港に到着。しかし、ボックフィヨルドの天候が急変し、雪で視界が悪く、ヘリコプターが着陸できないという。自然相手に抵抗することはあるまい。幸い、明日のフライトも予約できそうなので、明日に延期だ。

翌朝、現地はやはり雪が舞っているようだが着陸はできそうとのこと。わずか4時間の現地滞在という条件でフライト可だ。明日まで待つことはない、たった4時間でも行けるときに行く、やれるだけのことをやる。そして、飛んだ。空からの絶景に目を瞠《みは》り息を呑むうちに目的地ボックフィヨルドに着く。ヘリを降りて、早速、「泉」を探しまわる。

泉だからといって水モノを探すのではない。狙いは石灰岩の棚田、岩モノだ。足下を探しがちになる目を上げ、全体の景色のなかで妙な雰囲気の場所を探す。すると、視野の隅っこに何やら異様な岩塊が入ってくる。

あれだ。数十m四方、高さも5mはあろうかという石灰岩の巨塊。泉水に含まれている炭酸カルシウムが沈殿してできた石灰岩の塚だ。この塚を登って上から見ると、見事な棚田状の景観である。極北の地まで、ヘリコプターに乗ってまで来た甲斐があった。

万感の思いは小雪舞う気温3℃にも勝る。ぼくはやおら脱衣し、全裸で水温24℃の「極北の湯」に入ったのである。人生最高の冷泉浴だったのはいうまでもない。

極寒の地で先人を想う

病気になったら島外退去

またまた北極に行ってきた。ここ3年ほど毎夏、避暑でもないが、北極に調査に出かけている。今夏も昨夏と同じスピッツベルゲン島だ。この極北の島にはニーオルスンという「国際研究村」がある。前にも述べたが、ここは、もともと炭鉱の町だったが相次ぐ事故災害により1962年に廃鉱され、1968年から科学研究の基地に用いられるようになり、1980年代から研究施設が拡充してきた。

この村のやや高台に「ラベン」(ノルウェー語で「丘」の意味)という建屋《たてや》がある。それが日本の基地だ。その玄関の看板には「日本 国立極地研究所 新鰻入江観測基地平成三年四月一日」と刻まれている。新鰻入江とはノルウェー語のニー(新)オル

（鰻）スン（入江）の意を汲んだ当て字らしいが、なかなか巧妙な命名だ。

スピッツベルゲン島はスバールバル諸島の主島であるが、スバールバル条約というものがあって、すべての署名国はスバールバル諸島で経済活動を行う権利を等しく有すると謳われている。さらに、条約署名国の国民であればスバールバル諸島に居住する権利を有するので、たとえば移民がここに安住の地を求めることもあるようだ。

実際、ぼくたちが泊まった宿の給仕はクロアチアからの移民だった。首都ザグレブに住んでいたのだが、内戦などで荒廃し疲弊した祖国で生計を立てることが叶わず、しかし、欧州諸国への移住も受け容れられず、ここに移ってきたのだと。

その人は永住を希望していた。健康に過ごして天寿《てんじゅ》をまっとうするか、不慮の事故で亡くなれば、それは叶うかもしれない。しかし、病気になったら、その夢も叶わなくなる。なぜなら、ここは病気になったら島外退去させられるからだ。仮に、病気以外の理由で死んでも（結果的には永住したことになっても）、この島には埋葬しないというルールもあるので、ここに「安らかに眠る」ことはできない。安住の地を求めてきた移民はどこに冥福《めいふく》の地を見出《みいだ》すのだろう。

微生物が空からやって来る

スピッツベルゲン島には氷河の微生物調査に来た。氷河は上流部に供給源があり、そこを涵養域《かんよういき》という。そのあたりの氷河の表面に微生物がいる。どこから来たのだろう……空だ。氷河の源である雪とともに、あるいは雪とは別に、空から降ってきたのに違いない。以前、グリーンランドの氷河から採った微生物は、ゴビ砂漠産のものと極めてよく似ていた、ほぼ同じと判じていいくらいに。

ゴビ砂漠から日本へは黄砂《こうさ》とともに、偏西風に乗って微生物が飛来する。ぼくたちはそのことをすでに明らかにしていた。しかし、ゴビ砂漠とグリーンランドの間を移動するには、地球儀の横方向（東西）だけではなく縦方向（南北）も考えなくてはならないので、偏西風だけでは説明がつかない。それは、ゴビ砂漠からグリーンランド、あるいは、その逆でも同じように説明がつかないのだ。

地球という惑星では、ゴビ砂漠や日本がある中緯度帯では偏西風が吹き、グリーンランドがある北極（と南極）のような高緯度帯では偏東風が吹く。ついでに、赤道とその周辺の低緯度帯でも偏東風が吹くので、ハワイでは天気が東から変わることに御注意あれ（日本では天気は西から変わる）。なお、偏西風とは西風、すなわち「西から吹く風」であり、偏東風はその逆だ。こんなこと常識かと思うのだが、大学の講義で学生に質問すると、かなりの割合で誤答するので、あえてここに記す次第である。

さて、ゴビ砂漠とグリーンランドの間を、偏西風帯と偏東風帯を飛び渡るような微生物がいるのか。あるいは、それらの風が吹く対流圏より高く、成層圏《せいそうけん》飛行するような微生物がいるのか。そういう微生物がいたら、それはきっと地球のどこにでも見つかるだろう。そういう仮想の微生物をぼくたちは「コスモポリタン」（普遍種《ふへんしゅ》）と呼んでいる。

コスモポリタンは、もともとはギリシア語で世界市民という意味で、今日でも国際的な視野をもった地球市民という意味でつかわれている。それに倣《なら》って、生物地理学という学問分野では、地球のどこにでもいる生物をそう呼ぶのだ。そして、ぼくは、コスモポリタンを採るために北極や南極に行っている。そして、風に乗って移動する微生物をよりよく採れるところ、高山にも登っていく。北極から帰ったら、その足で富士山頂に直行、空中微生物の採集だ。

ホモ属の起源と進化

スピッツベルゲンではもちろん氷河を上る。山々を削り、その岩屑《がんせつ》を下流に押し運ぶ氷河はまるで超弩級《ちょうどきゅう》のブルドーザーのようだ。もし、その氷河の一部でも融けるようなことがあれば、その融氷水《ゆうひょうすい》は激流となって氷河谷を刻み、巻きこんだ土砂とともに濁流となって低所に広大な泥地をなす。

夏の一時期はお花畑になることがある。そういう夏が何年も、あるいは何十年も再《さい》来《らい》することがある。しかし、もっと長い目で見ると、氷河は拡大と縮小を繰り返し、そのたびにお花畑を破壊してきた。

氷河を上りながら、ぼくは、氷河時代を生き抜いてきた人々に思いを馳《は》せた。ぼくたちのご先祖さまだ。つまり、「ホモ・サピエンス・サピエンス」の先人たち。ふつうなら人間＝ヒトの学名はホモ・サピエンス（*Homo sapiens*）と「サピエンス」が1回で終わるところ、ホモ・サピエンス・サピエンスと繰り返すのは妙に聞こえるだろう。じつは、すでに絶滅してしまったが、ぼくたちにとてもよく似た、生物学的にはぼくたちと同種だがちょっと違うだけの亜種として、「ホモ・サピエンス・イダルトゥ」(*Homo sapiens idaltu*)、通称「ヘルト人」という集団がいたのだ。ただ、この集団はエチオピアから化石が見つかっているだけなので、おそらく氷河で暮らしたことはなかっただろう。

ホモ・サピエンスにはいまのところ、ぼくたち（現生人類）とヘルト人の2つの亜種しか知られていない。しかし、ヒト属（ホモ属）となると、もっと多くなる。その種数は学者間で若干異なるが、少なくとも10種を超えていることでは意見が一致するだろう。

ホモ・サピエンス以外で有名なのは、ホモ・ネアンデルターレンシス（*Homo neanderthalensis*)、通称「ネアンデルタール人」だろう。ネアンデルタール人の化石は、最古のものがいまから約40万年前、最近のものは4万年前である。つまり、ネアンデルタール人の集団は少なくとも30万年以上は活動し、約3万年前に忽然《こつぜん》と姿を消したのである。

ぼくが子どものころは、ネアンデルタール人が旧人、それが進化してクロマニヨン人（新人）になって現生人類に連なると教わったような気がする。ぼくが間違って覚えたかもしれないが、実際は、そういう直線的な進化ではない。

現生人類と同じ骨格をもつ化石は、やはりエチオピアで発見された約20万年前のものが最古だった（＊）。それからいまにいたるまで現生人類の集団は活動しつづけている。一方、エチオピアのヘルト人の集団は、16万〜15万年前にぼくたちの亜種となり、やがて絶滅した……滅んだのか、滅ぼされたのか……だれに？

＊2017年6月、モロッコで発見された30万年前の人類化石が、それまで言われていたホモ・エレクトゥスではなく、ホモ・サピエンスであることが発表され、人間（ヒト）の起源が大きく遡《さかのぼ》ることになった。

ここで、ぼくたち現生人類を含む「ホモ属」の起源と進化を眺めよう。まず、「最初のホモ属」はホモ・ハビリス（*Homo habilis*）、「器用なヒト」といい、いまから約260万年前に「猿人」から分派した。最古の石器もこの時代のものである。なお、地質年代の区分では「ホモ属」の登場をもって「第四紀」と呼んでいる（地質学では約260万年前から現在までを指す）。これ以外の区分、たとえば古生代・中生代・新生代などの代替わりは生物の大量絶滅を画期とし、ジュラ紀・白亜紀などの紀替わりは中程度の絶滅を画期としている。しかし、第四紀だけは絶滅ではなく、新しい生物群―ホモ属―の誕生が画期である。

第四紀の特徴は氷河期である。ホモ属の誕生は地球の寒冷化と機を同じくしている。これが偶然か必然か、必然だとしたら、寒冷化がどのようにホモ属を生んだのか、学問的な結論はまだ出ていないが、興味深い一致であることに違いない。

氷河期といっても、いつも寒いわけではなく、氷河が拡大する「氷期」と縮小する「間氷期」を繰り返してきた。この1万年間は幸いにして間氷期であり、それほど寒くなかったおかげで5000年前に文明が勃興《ぼっこう》し、いまでは携帯電話で宇宙ステーションからの映像を見ることができるほどになった。この幸運な1万年は「完新世」といい、それ以外の第四紀「更新世」から、とくに区別されている。

消えたネアンデルタール人

氷河期がはじまって「最初のホモ属」がアフリカのどこかで誕生し、ケニアのあたりで「第二のホモ属」が分派した（同じ属内の分派を種分化という）。これはいわゆる「原人」で、学名はホモ・エレクトゥス（*Homo erectus*）、「立つヒト」という意味だ。

アフリカには当時、そしていまでも、サハラ砂漠という障壁がある。ところが、氷期と間氷期の繰り返しのなかで、サハラ砂漠が湿潤だった時期、いわゆる「緑のサハラ」だったときもある。そういうとき、原人はサハラに進出し、緑のサハラの恵みを享受した。

しかし、サハラがふたたび砂漠化すると、原人はサハラを追われ出ていく。ある集団は故郷の南へ、ほかの集団は新天地たるユーラシア大陸へ。これを「アウト・オブ・アフリカ」（ホモ属の第1次出アフリカ）という。新天地へ旅立った原人は、ヨーロッパはもちろんのこと、アジアの東端、そして、東南アジアの島々まで到達した。北京原人やジャワ原人がそれである。

いまから40万年かもっと前に、ヨーロッパのどこかで、原人からネアンデルタール人（旧人）が分派した。彼らはヨーロッパからさらに中央アジアまで分布を広げ、約4万年前に絶滅するまで、30万年以上もの間、この地の覇者であった。

いまから30万年くらい前に、アフリカのどこかで、原人から現生人類が分派した。そして、いつのまにか、原人はいなくなった。学問的には「置換《ちかん》」というが、実際は絶滅であり、滅んだのか、滅ぼされたのかである……だれに？

いまから7万年くらい前に、現生人類も「アウト・オブ・アフリカ」（ホモ属の第

2次出アフリカ）を決行した。これは、すでに出アフリカをしていた原人やネアンデルタール人には大きな脅威となった。現生人類は、ユーラシア大陸の東端の日本に3万5000年前に到達し、海を隔てたオーストラリア大陸と新大陸（南北アメリカ大陸）にも到達している。このころ、インドネシアには「フローレス人（*Homo floresiensis*）」という小人がいた、が、1万2000年前から姿を消している。

現生人類は、いまから4万年前にヨーロッパに到達した。高度な石器文化を持ったクロマニヨン人（新人）として。当時のヨーロッパは氷河が拡大し、ネアンデルタール人は氷河に追われるように南へ移動した。そこで、クロマニヨン人と接触したことは間違いない。血縁的にも文化的にも異なる2つの集団の接触だ。それが幸福な出会いであったことを祈る。しかし、事実はどうであろう。ネアンデルタール人は、約4万年前に忽然と消えてしまった。

人類の歴史と「短い夏」

第四紀という「ホモ属」260万年の歴史はずっと氷河期の時代である。この間、地球では、氷河の拡大期（氷期）と縮小期（間氷期）が繰り返され、そのたびに、ホモ属の分布範囲も変化し、出アフリカなどの移動をした。最後の氷期は、いまから11万年前ないし7万年前にはじまり、1万年前に終わった。じつは「人間の歴史」も文明も、この1万年の間氷期という「短い夏」の、たかだか5000年の出来事にすぎない。

ネアンデルタール人の30万年以上の歴史において、彼らの生活圏は氷河の影響を受ける場所であり、氷河の拡大縮小に合わせて移動していた。彼らはじつに「氷河の民」であった。

しかし、最後の氷期は不運だった。氷河の拡大に追われて南へ逃げたら、そこにクロマニヨン人（新人）すなわち現生人類がいた。何があったかはわからない。が、氷河の民は消えた。

スピッツベルゲン島の氷河を歩きながら、ぼくは、ネアンデルタール人もかつて、この氷河を渡ったことを想像した。彼らは石器文化のみならず、埋葬《まいそう》に代表される高度な精神性をも有していた。もしかしたら、彼らも、氷河の景色を美しいと感じ、また、畏怖《いふ》の念を抱いていたのではないだろうか。しかし、拡大する氷河はブルドーザーのように、彼らの精神の痕跡《こんせき》を破壊し、押し流してしまった。ただ、氷河が彼らのことを知るのみである。

そして、この間氷期、スピッツベルゲン島は現生人類のものである。そこには、政治経済的な理由で移住を余儀《よぎ》なくされた人もいる。氷河の拡縮ではなく、人間集団内の事情による移動である。そんな事情を許す温和な間氷期も、もう終わりが近い。地球は、そろそろ、次の氷期がはじまるころだ。

第四章

南極冒険紀行

夏の南極では眠れない

暴風雪のリビングストン島

この冬、南極に来ている。

日本は冬でも、南極は夏である。夏の南極というのは感覚的に微妙で、夏なのに寒いといえばいいのか、南極なのに意外と暖かいといえばいいのか。気温は氷点下になるかならないかの0℃前後、やはり寒いので、夏の南極に来ても避寒にならぬ。避暑気分で北極に行き白夜《びゃくや》を楽しんだこともあったが、ここでは完全な白夜も経験できない。「ここ」とは南緯62・6度のリビングストン島、北緯60度のサンクトペテルブルクと似たようなもので「白夜の気分」しか味わえないのだ。それでもここは、れっきとした「南極」である、制度としては。

制度とは「南極条約」である。これによると、南緯60度以南が南極であり、南極大陸および南氷洋《なんぴょうよう》（南大洋とも南極海とも呼ばれる）の島々が含まれる。地球の自転軸の傾《かたむ》きからすると南緯66・6度以南が白夜と極夜《きょくや》（連続夜）を経験できる場所で、ここが真の南極（南極圏）であるはずだ。

でも、そうすると、南極大陸の一部である南極半島の先端が出てしまうので、南極大陸全体が収まり、かつ、キリのいい数字として南緯60度が境界線になったのだ、と思う。ちなみに、日本の南極地域観測隊（ＪＡＲＥ）では、南極観測船（砕氷艦）「しらせ」が南緯55度を越えてから「極地手当」が支給される。

ぼくは南米大陸の南端にあるプンタアレナス（チリ）からリビングストン島に来た。南米大陸と南極半島の間にある、つねに暴風が吹き荒れることで有名な南シェトランド諸島のひとつだ。島の周囲の詳細な海図がないので、輸送船は安全を期して岸から3海マイル（約5・6㎞）も離れて停船し、そこからゾディアックというゴムボートに乗り移って上陸したのだが、まあ、海が時化《しけ》たこと。ずぶ濡《ぬ》れで上陸し、気温0℃の暴風雪とあって体感温度はマイナス10℃くらいだ、寒い、寒い。

上陸したのはリビングストン島の西部にあるバイヤーズ半島の南浜。この半島は南極条約による「南極特別保護地区126」に指定されていて、スペインの観測拠点、というか、キャンプがある。基地ではない。テントとドーム状のプラスチック小屋（イグルー）があるだけだ。それでも風雨を凌《しの》げるだけでもありがたい。

スペイン・キャンプというのは、ぼくが「国際極年」の一環として、スペインの南極観測隊に参加しているからだ。日本人はぼくだけ。スペイン人4名、スペイン語堪《たん》能《のう》なカナダ人1名、そして、スペイン語不能のぼくの6名によるキャンプ生活だ。

すでに明るい朝4時に上陸し、浜に荷揚げ。まずは衣類等の私物だけテントまで運んで仮眠。ところが、暴風雪でテントの鳴動《めいどう》が半端じゃない。耳栓をしてもやかましくて寝つけない。おまけに闇夜《やみよ》がないので、テントの天井が明るい。やれやれ、こんなことがずっとつづくのかぁ、と諦《あきら》めの境地に入ったうちに眠ってしまった。夏の南極でテント快眠するには、耳栓とアイマスクと諦観《ていかん》がコツかと。

海面を照らすミッドナイト・サン

ぼくにとってこの南極行は2回目だ。前回は2000年1月から2月で、イタリア隊に同行したのだった。場所は、ニュージーランドからほぼ真南のロス海に面したイタリア基地（南緯74度）だ。そこは基地なので何十人もの隊員が暖かい施設内で起居し、イタリア本国から同行した三つ星レストランのシェフによるグルメ料理とDOCGワイン（統制保証付原産地呼称ワイン）を楽しんだものだった。

イタリア隊では野外調査にもヘリコプターをふんだんに使わせてくれた。アデリーペンギンの営巣地《えいそうち》（ルッカリー）へもひとっ飛び。猛吹雪《ブリザード》のときはヘリコプターや飛行機の格納庫で大音声のダンスパーティーだ。厚さわずか数cmの壁の内外で天国と地獄が隣りあっているのに感嘆したものだ、さすがラテン系だ、と。

ただ、往復の海路は大変だった。20世紀初頭にロバート・スコットやアーネスト・シャックルトンなどの南極探検家が拠点とした、そして、いまでも南極調査の重要拠点となっているクライストチャーチ（ニュージーランド）から出港し、そこへ帰港するのだが、それはまさに「吠《ほ》える（南緯）40度、叫ぶ50度、狂う60度」と形容される暴風海を進む船旅だ。乗ったのは「イタリカ」というロシアの砕氷貨物船の中古、大波に揉《も》まれて船体が撓《しな》って曲がる。曲がった歪《ひず》みが船室の枠におよび、ドアが吹っ飛ぶ。それでも陽気にグルメ料理をつくるフィリピン人司厨士《コック》は大したものだった。

　中古とはいえ「イタリカ」は砕氷船だ、氷海に入るや、ゴゴォーッと氷に体当たり。数メートル砕氷したら後戻りし、またゴゴォーッと氷に体当たり。これを何百回も繰り返して氷海を突破すると、静かな海だ。氷山が浮かぶ海面を「真夜中の太陽」、いわゆるミッドナイト・サンが照らす。向こうには白い大陸が見える。あぁ、ついに南極に来たんだという感慨《かんがい》に包まれる。

　今回はまた別の感慨がある。アムンゼンやスコットが南極点到達を競った、あるいは、シャクルトンの船「エンデュアランス号」の17カ月におよぶ「大漂流」の後、全員救出されたという約100年前の冒険時代の苦労は筆舌《ひつぜつ》に尽《つ》くしがたいだろう。シャクルトン著の『エンデュアランス号漂流記』や悲劇のスコット隊に同行したチェリー・ガラード著の『世界最悪の旅』などに描かれた苦労は、ほんの氷山の一角にすぎない。また、五十余年前のＪＡＲＥ草創期の苦労も映画『南極物語』に見るように厳しいものだった。それらに比べれば、暴風雪での上陸やテント生活など取るにたらない。でも、これは、現代的な南極経験としては「厳しい」部類に属するだろう。

スケジュールに追われるふだんの生活、それはそれで精神的なストレスがかかって過酷である。しかし、南極の自然環境に身を置くと、ふだんの生活が微温湯《ぬるまゆ》に思えてくる。自分の学生には「苦労は買ってでもしなさい」といっている手前、このような「苦労」を無料で経験させてもらって感謝の気持ちでいっぱいだ。無料というのは、南極条約の取り決めにより、南極調査にかかる経費は主催国持ちだからである。つまり、イタリアやスペインの奢《おご》りだ。ただ、調査隊との合流地（今回はチリのプンタアレナス）までの旅費は自分持ち、いや、日本学術振興会の科学研究費補助金（科研費）のおかげです、ありがとうございます。

南極ツアーというのもあるらしいが、それは何百万円もかかるとのこと、ぼくの給料と原稿料では高嶺《たかね》の花である。そうそう、南極ツアーで来るにしても、南極条約でいう「南極」に来るときは、環境省への届出あるいは確認申請をお忘れなく。ぼくは出発直前に思いだして慌てたので。

海底に輝くガラス細工

バイヤーズ半島は特別保護地区なので立入りが制限されている。そこには、ありのままの自然が横たわっている。そう、ゾウアザラシ（正確にはミナミゾウアザラシ）が浜に延々と横たわっているのだ。10㎞くらいつづく南浜の端から端まで、どこを見てもゾウアザラシが横たわっている。いったい、何頭いるのだろう。あるものは仲よく集まって互いに風を除《よ》け、温めあっているようだが、あるものは縄張り争いなのだろうか、体力測定でやる上体起こしのような格好で相撲を取り優劣を決めている。

ゾウアザラシは１０００ｍ以深の深海まで潜《もぐ》って、魚やイカを食べる。こんなにたくさんのゾウアザラシを養えるほど、魚やイカが豊かなのだ。半島の西端にはヒョウアザラシもいる。アザラシは漢字で「海豹」と書くので、ヒョウアザラシは漢字で「豹海豹」になる。それはともかく、ヒョウアザラシはオキアミ（沖醤蝦）とペンギンを捕食するが、そのペンギンは半島の反対側、弧状の山に隔離された浜に営巣地がある。いるわ、いるわ、山の尾根から浜にいたるまで、ジェンツーペンギンだらけだ。

親の腹下に隠れている雛《ひな》ペンギンも、全部とはいわないが、やがてこの群れの成員となる。2万羽にも達するというこの群れを支えているのは、やはりオキアミである。

半島のどことといわず海岸沿いのいたるところ、骨になった鯨《くじら》が無数に横たわっている。長鬚《ながす》鯨や白長鬚《しろながす》鯨などの鬚《ひげ》鯨だ。抹香《まっこう》鯨などの歯《は》鯨とは顎《あご》が違う。大きくて長い顎でオキアミの群れを文字どおり鯨飲し、歯の代わりに密集するひげ板《いた》から海水を濾《こ》しだして残ったオキアミを食べる。一口で1トンものオキアミを捕食するそうだ。アザラシにしろ、ペンギンにしろ、鯨にしろ、オキアミという体長数cmの小生物が、こんな巨大な生き物あるいは多数の生き物の生活を支えているのである。とにかく、この海には膨大な数のオキアミがいるはずだ。では、オキアミの生活はだれが支えているのか。

オキアミの餌は珪藻《けいそう》という植物プランクトンである。藤子・F・不二雄の『ドラえもん』に『のび太の海底鬼岩城』という作品がある。そこで、「プランクトン?」「海にいっぱいういている小さな生物さ」「ケイソウとかオキアミとか、動物・植物いろんな種類がある」と説明するシーンがあるが、まさにそのとおり、大学のぼくの講義でもそう教えている。

珪藻は、炭素主体の地球生物にしては珍しく、珪素《シリコン》の殻を身にまとっている。二酸化珪素（シリカ）、いわゆるガラスだ。これほど美しいガラス細工は現代の名工でもできないだろうほどの精緻《せいち》な模様が施されている。虎《とら》は死して皮を残し、珪藻は死して殻を残す。その多孔《たこう》質のガラス殻を含んだ土が珪藻土である。

その珪藻が生物進化の舞台に登場したのはいまから約2億年前、生物としてはやや新参者《しんざんもの》である。しかし、その新参者が現在の海洋でもっとも繁栄し、基礎生産者として海洋生態系を支えているといっても過大評価ではない。とくに、ここ南シェトランド諸島が位置するドレーク海峡ではそれが顕著《けんちょ》である。

鯨を呼んだ「湧昇」

ドレーク海峡は、英国の海軍提督というか海賊として有名なフランシス・ドレークにちなんでいる。ここは南米大陸と南極半島の間、最狭部でも約650㎞もある水路で、その両側の広大な海域（太平洋と大西洋）を結ぶ海流から見れば、隘路《あいろ》といってもよい。しかし、隘路とはいえドレーク海峡のおかげで、この海流―南極周極流―は、地球を横に1周する唯一の海流になっているのである。

この海流は偏西風に煽《あお》られて東向き—このページの上方を北とすると「→」の向き—に流れる。一方、南極大陸の沿岸には、カタバ風という偏東風に煽られて西向き—「←」の向き—の海流がある。この2つの逆向きの海流の作用により、深層水が上がってくる。「湧昇《ゆうしょう》」という現象だ。

深層水は窒素《ちっそ》やリンなどの栄養に富んでいるので、珪藻の繁茂《はんも》に好都合である。ぼくは珪藻を「海の牧草」と呼んでいる。それが繁茂すれば、それを食《は》む動物も繁栄し、さらにそれを捕食する動物も豊かになる。ある教科書によると、世界の漁獲高の約80%は湧昇域から得られているのだ。しかも、その面積は全海洋の1%しかないのに。ドレーク海峡はその一部である。

ドレーク海峡を抜ける周極流のおかげで、南極大陸はほかの海洋から隔離され、熱帯域からの暖流がこない。これは、北緯80度のスバールバル諸島がメキシコ湾流の影響で意外と暖かいのと対照的である。ゆえに南極大陸は北極より寒い。周極流による暖流からの隔離、ひいてはドレーク海峡の存在が決定的なのだ。

かつて、南米大陸と南極半島はつながっていた。それが大陸移動で離れ、ドレーク海峡が開通したのはいまから約4000万〜3000万年前といわれている。南極もそれにともない寒冷化した。現在の地球気候システムは「冷たい南極」で左右されるらしいが、そうなったのはドレーク海峡開通という出来事のせいなのである。

ドレーク海峡が開通したころ、鯨の祖先（正確には鯨と河馬《かば》の共通祖先）が海に入ったらしい。たんに鯨の祖先が海に入っただけで、ここまで巨大化したとは思えない。その巨軀《きよく》を支えるだけの餌―大量のオキアミ―が必要だ。そのオキアミはいまから約1億年前に登場した、これまた新参者らしい。

時系列に並べてみよう。まず、2億年前に珪藻が登場し、1億年前にオキアミが登場して、4000万〜3000万年前に鯨の祖先が海に入った。その少し後に大陸移動でドレーク海峡が開通し、湧昇が起きた。ここに珪藻→オキアミ→鯨という食物連鎖の舞台が完成したのである。

生物の進化は遺伝子のランダムな突然変異の蓄積と適者生存の自然淘汰《とうた》による、と喧伝《けんでん》されている。しかし、鯨の進化はそれに加えて、大陸移動によるドレーク海峡の開通という地質学的・海洋学的な出来事の恩恵も受けているのだ。大陸移動が鯨を生んだ。ドレーク海峡で帰路の「風待ち」をしながら、そんな壮大な進化史を思うのである。

そういえば、1000年以上前の『土佐日記』にも京《みやこ》に帰る船の「風待ち」の記述があったなぁ。

砕氷艦上での決意

「進まんか、死せんのみ。使命は死よりも重し」

ぼくはいま南極観測船「しらせ」の船上にいる。厳密《げんみつ》にいえば新「しらせ」であり、さらに厳密にいえば海上自衛隊の南極観測艦（砕氷艦）「しらせ」である。ちなみに、日本の初代南極観測船「宗谷」は砕氷艦でなく、もともとは耐氷型貨物船（商船）、のちに帝国海軍の特務艦、戦後は海上保安庁の灯台補給船、さらに、同庁の巡視船PL107へと配置換えされたうえで、南極観測船になったのである。なお、船番号PL107はのちに大型巡視船「まつしま」に受け継がれた（同船は2009年に退役した）。

砕氷能力がとぼしいにもかかわらず「宗谷」は6回も南極に行った（うち3回は他

船に救援してもらった）。２代目の南極観測船「ふじ」は日本初の本格的砕氷艦で艦番号ＡＧＢ-５００１、３代目の旧「しらせ」がＡＧＢ-５００２で、現「しらせ」がＡＧＢ-５００３である。ＡＧＢは砕氷艦、５０００番台も砕氷艦と決まっているそうだ。

ＡＧＢという艦種記号はアメリカ海軍に倣《なら》ったものである。ＡＧはAuxiliary（補助艦）の意味で、そこにBreaker（ice breaker）のＢが加わって、ＡＧＢ（砕氷艦）になったようだ。アメリカ海軍の初代砕氷艦「バートンアイランド」は建造当初ＡＧ-88、後にＡＧＢ-１になったことからも、それがわかる。英語のauxiliaryはオーグズィリアリィと発音するので、「グ」の部分を強調してＡＧにしたのだろうと想像する。こんな、どうでもいい想像をする時間《ひま》があるのも船旅の楽しみのひとつである。なお、「バートンアイランド」は先に述べた「宗谷」の救援に当たった船のひとつである。

いまから１００年ほど前の同じころ（１９１０年11月末）、日本初の南極探検隊が「白い大陸」を目指して芝浦埠頭《ふとう》から出航した。たった２００トンの木造漁船を改造

した だけの船である。いまの「しらせ」が1万2000トン以上あるのと大違いだ。この木造船を海軍大将・東郷平八郎が「開南丸」と命名した。総勢27名の隊をひきいたのは陸軍中尉の白瀬矗《のぶ》、当時49歳、いまのぼくと同じ齢《とし》である（2010年当時）。

ただし、陸軍中尉がひきいる探検隊といっても陸軍の資金が出たわけではない。国からも予算が出ない。当時は政界を一時引退中の大隈重信《おおくましげのぶ》が会長となって南極探検後援会がつくられたが、公的資金はどこからもこない。探検資金のほとんどは国民からの寄付金─義捐《ぎえん》金─で賄われたのだ。いまの南極地域観測隊（JARE）がほぼ国費で賄われているのとは大違いである。

JAREのような資金もなければ手厚い庇護《ひご》もないまま、白瀬の南極探検は曲がりなりにも実現しつつあった。しかし、「金の切れ目が縁の切れ目」「貧すれば鈍する」というように、貧乏探検隊の船は出港してすぐに不協和音が生じはじめた。不和のある船内生活はきわめて苦痛である。せっかく南極に到達したときも、彼らの志気《モラール》はどれほど保たれていただろうか。

仮に士気が旺盛《おうせい》だったとしても、正直なところ、彼らの装備では極点行きは不可能だったろう。フル装備で南極点に到達した英国のスコット隊（後述）でさえ、帰路に全滅したほど過酷な旅なのだ。それでも白瀬はこういう科白《せりふ》をはいた。

一歩を進むあたわず。進まんか、死せんのみ。使命は死よりも重し。

もう1歩も進めない。でも、死んだ気で進むしかない。使命を果たせないなら死んだほうがマシだ。しかし、白瀬は極点旅行を断念せざるをえなかった。みずから暴挙を回避したというより、ほかの隊員が嫌がったのだろう。海岸から少しだけ内陸に徒歩で旅行したにとどまった。そこには広大な白い平地が横たわっていた。白瀬はそこを「大和雪原《やまとゆきはら》」と名づけた。しかし、それは大陸ではなく、海に張りだした氷原であった。大和雪原の下は海だったのだ。それでも、これが日本人初の南極到達という偉《い》業《ぎょう》であることに変わりない。

そんな偉業を成し遂げたにもかかわらず、白瀬隊の不和はついに解消されなかった。日本への帰路は、本来なら晴れての凱旋《がいせん》航海であるはずだ。ところが、不和がこじれて白瀬隊は完全に分裂し、白瀬一派はほかの汽船に乗り換えて帰国することになってしまった。「開南丸」で凱旋したのは反白瀬派だったのである。日本初の南極行は必ずしも輝かしい栄光の記録ばかりではなかったことを、自戒の念をこめて、ぼくはあえて記しておきたい。

つい偉そうなことを口走ってしまったが、かくいうぼくは、手相、占星術、コンピューター占いなど、どんな占いでも必ず「貴方《あなた》はたいして出世しない」と託宣《たくせん》されてきた。現職の准教授（2014年当時）はできすぎだ。ぼくは間違っても隊長役を務めることなどできない、したがって隊をひきいることもできない。つまり、曲がりなりにも隊長を務めた白瀬の爪《つめ》の垢《あか》にもなりやしない。そんなぼくが、白瀬のリーダーシップを論じて自戒云々《うんぬん》することがすでに愚挙《ぐきょ》なのである。

それにしても日本初というのは大した偉業である。リーダー失格だった白瀬なのに、南極観測艦「しらせ」に名を残したのだから。いや、そう書いては誤解を招くので、ここは正確に述べておこう。艦名の「しらせ」は人名の白瀬ではなく、南極地名の「白瀬氷河」にちなんでいる。艦名は人名から取ってはいけない、名所旧跡にちなむべきというルールがあるからだ。白瀬氷河は昭和基地から100kmほど離れたところの氷河だが、それはもちろん人名の白瀬にちなんでいる。すると、艦名の「しらせ」は地名にちなむといいながら、じつは間接的に人名にちなんでいることになる。

もうひとつ、2代目「しらせ」もまた妙な命名である。同じ艦名を使わないという、規則ではないが原則のようなガイドラインを反古《ほご》にしてまで、なぜ「しらせ」にこだわったのか。あくまでも風聞《ふうぶん》だが、新艦名を公募したところ、「しらせ」は必ずしも1位ではなかったという。こうなると、もう二重、三重に御法度《ごはっと》を侵した2代目「しらせ」という艦名の因縁《いんねん》に、がぜん興味が湧いてくる。一説には「やまと」という名前が1位得票だったが、これは悲願である原子力空母が実現したときのために残してあるのだとか。

いや、いまは「しらせ」艦上にある身だ。余計な詮索《せんさく》をするのはやめておこう。もしかしたら、「しらせ」という艦名は、どんな困難に面してもなんとか生き抜くというたくましさを祈念した、オマジナイのようなものかもしれないのだし。

冒険者の要件「生還」

いまから100年ほど前は探検と冒険の時代、すなわち「南極探検の英雄時代」Heroic Age of Antarctic Exploration（1890年代―1920年代の約25年間）

の真ん中だった。

１９１１年12月14日、ノルウェーのロアール・アムンセン隊（南極点アタック隊は5名）が世界初の南極点到達を成し遂げ、それから34日後、英国のロバート・スコット隊（やはり5名）が2番手で極点到達した。ぼくだったら仮に二番乗りでも嬉《うれ》しくてしかたないだろう。しかし、スコット隊は一番乗りを逃したことに意気消沈し、体力の消耗とも相まって帰路に隊の5人が全員死んでしまった。それほどまで、1番と2番では大違いなのだ。「2位じゃダメなんでしょうか」といってのけた政治家もいたが、そんな屁理屈《へりくつ》、ぼくみたいな腑《ふ》抜《ぬ》けには通じても、アムンセンやスコットなどの英雄には通じないのだ。

アムンセン著『南極点征服』によると、アムンセン隊の南極点アタックは初回は失敗したが、2回目は順調に進み、とても楽しく陽気な旅だったとのこと。その大きな理由のひとつは、アムンセンが幼少期に極点探検を決意し、お湯のシャワーは浴びないとか、冬でも窓を開けたまま寝るとか、心身を鍛え、諸々《もろもろ》の準備をしてきたことだろう。まさに「段取り八分」の職人気質《かたぎ》である。そう、アムンセンは極点探検の職人だったのだ。日本の白瀬矗も同じように幼少期に極点探検を志し、同じような訓練を自分に施したが、仲間づくり—組織づくり—の才を伸ばせなかったのが彼我の違いだろうか。

一方、スコット隊は、本来は科学調査が主目的であったが、資金集めのため極点到達を謳《うた》わねばならぬという事情があった。ただ、科学調査が主目的といっても、それより重要なミッション（使命）は「生還」である。その点、白瀬が「使命は死よりも重し」といったのは間違いである。ところが白瀬隊は、所期の目的は達成せずとも、生還したことが立派である。逆に、せっかく南極点に到達し、貴重なデータやサンプルを取ったとしても、生還しなくてはミッション・インコンプリートだ。スコット隊の失敗の原因はいろいろ議論されているが、やはり極点一番乗りへのプレッシャーが大きな要因だったろう。

そう考えると、ぼくはいつも「大して出世しない」と占われてきて幸いだった。そのおかげで出世への精神的重圧がなく、そもそも出世欲がないからだ。なるほど、占いにはこういう効用もあるのかと、人間の知恵に感心する。

いや、占いに感心しているようだから出世しないのだ。冒険でも探検でも「生還」というミッションは自分で成し遂げるもの、けっして人まかせ、運まかせではありえない。自分の生命は自分で守る。こんな当たり前のことを当たり前にできることが冒険者の要件であり、そういう人の集団が探検隊なのだ。「しらせ」艦上にて覚悟を新たにする。

生還という点では、アイルランド生まれの南極探検家アーネスト・シャクルトンがひきいた「帝国南極横断探検隊」の遭難と全員生還の物語を忘れるわけにはいかない。シャクルトン隊は1914年に帆船「エンデュアランス号」で出航し、翌1915年に南極海の大西洋側、すなわちウェッデル海で氷に閉ざされてしまった。船は海氷とともに漂流し、やがて氷圧で壊れ沈没した。それから、氷上を徒歩で移動し、また、世界最悪級の暴風圏の海を小舟で渡り、やっと辿《たど》りついた大きな島（サウスジョージア島）の山脈を横断するなど、数々の困《こん》苦《く》を乗り越えた。そして、17カ月におよんだ「大漂流」を経て、1916年、28名全員が救出されたのである。

シャクルトン隊には別働隊があり、彼らは蒸気推進ヨット「オーロラ号」に乗って南極海の太平洋側（ロス海）で行動していた。じつは、こちらも遭難し、10名のうち3名が死亡した。そういう犠牲はあったが、第一次世界大戦という非常時にあって、シャクルトン隊の生還は「リーダーシップ」の意義をあらためて認識させる出来事であった。まだ100年ほどのことだが、リーダーシップが欠如《けつじょ》するぼくには遠い世界の神話とも思えるような実話である。米国の作家アルフレッド・ランシングが綿密な取材をもとに描いた『エンデュアランス号漂流』（1959）は半世紀を経た現在でもなお一読に値する（日本では2016年出版の『シャクルトンの大漂流』もお勧めである）。

とにかく生き延びる

1953年、ニュージーランドの登山家エドモンド・ヒラリーと地元シェルパのテンジン・ノルゲイが世界最高峰エベレストの人類初登頂に成功した。この5年後、ヒラリーは南極点に行っている。エベレストのあるヒマラヤ山脈も南極並みの極寒である。ヒラリーにとって、ヒマラヤ山脈も南極も似たような冒険の地だったのかもしれない。

ヒマラヤ山脈からずっと内陸に入った砂漠地帯もまた探検と冒険の地であった。そこは、ヒマラヤ山脈がモンスーンの湿気をブロックする極乾の地である。その一部であるタクラマカン砂漠に埋もれたシルクロードの都、楼蘭《ろうらん》。このロマンティックな響きにどれだけ多くの人が魅せられただろう。楼蘭の遺跡を発見したのはスウェーデンの探検家スヴェン・ヘディン。この発見もまさに探検と冒険の時代、1900年のことだった。

楼蘭は「ロプノール」(ロプ湖)の岸で栄えていたが、ロプノールの縮小とともに衰退した。ロプノールは姿を消しては現れ、また消える。ヘディンはこれを『さまよえる湖』という探検記で記した。ぼくは高校生のころにこれを読んで興奮したが、まだシルクロードの起点(あるいは終点)である敦煌《とんこう》―楼蘭とはタクラマカン砂漠の反対側―までしか行っていない。

ヘディンはタクラマカン砂漠で遭難したことがある。ヘディン隊のラクダが倒れ、従者も死んだ。最後の従者カシムも動けなくなった。それでもヘディンは生への執念を燃やし、水を探し求めた。もう意識が朦朧《もうろう》として死線を越えようとしたとき、奇跡的に水があった。飲みに飲んだ。しかし、飲む前に脈拍を数え、飲んだあとに脈拍が増えたことを記録している。生への執念とともに、なんという科学への執念だろう！

そして、長靴に水を汲み、それを従者カシムに飲ませた。

サンテグジュペリ（アントワーヌ・ド・サン＝テグジュペリ）――『星の王子さま』の作者――もサハラ砂漠で遭難し、4日後に救出された。1935年のことである。もちろん、サンテグジュペリもひどい脱水症状に見舞われ、幻覚や幻聴もあったという。これより前にサンテグジュペリは、アルゼンチン航空の前身にあたるアエロポスタ社で、南米の航空路の開拓にあたっていた。そこにはアンデス山脈を越える空路も含まれていた。

天を衝《つ》くようなアンデス山脈、それをいただくチリ北部の大地には大小多数の鉱山がある。2010年8月5日、そのひとつ、サンホセ鉱山の坑道《こうどう》で落盤事故があり、作業員33人が地下700mに閉じこめられた。しかし、全員無事に救出された。この奇跡的な救出活動には目を瞠《みは》ったが、それ以上に賞賛に値《あたい》するのは、地底で70日間も生き抜いた33人の知恵と勇気と生命力だ。

この事故で、地上と連絡が取れたのは落盤から17日目だった。その間、その場は絶望的な状況だったろう。ぼくだったら気がふれてしまうに違いない。気がふれないにしても、あまりの絶望的な状況に自死を考えるかもしれない。しかし、チリの地底では1人も死なず、1人も気がふれなかった。全員が無事に救出されたのだ。ぼくは、これは21世紀の「エンデュアランス号」の物語だと思った。肝心なのは「生き延びる」と決意し、生き延びるために持てるすべての資源―知恵と勇気と力―を注ぎこむことだ。

大して出世しないと占われたぼくは、「生への執着が希薄」とも占われてきた。しかし、3度目の南極行きでやっと栄えあるJAREの一員になれたのだ。「長靴の水を呑む」くらい、生への執着をもって南極に臨もうと思う。これがぼくの「しらせ」艦上の決意である。

静謐な修羅場

調査のリミット99日

ラングホブデ、スカルブスネス、スカーレン。こんな呪文《じゅもん》のような言葉を知っている人は少ないだろう。南極大陸の宗谷海岸という沿岸部—昭和基地が建っている東オングル島の対岸部—にある、雪も氷もない剝《む》きだしの岩盤地帯（露岩域《ろがんいき》）につけられた地名である。もともとはノルウェー語で、それぞれ「長い頭」(Langhovde、英long head)、「鵜《う》の岬」(Skarvs Nes、英cormorants ness)、「頭蓋骨《ずがいこつ》」(Skallen、英skull) を意味するそうだ。北欧語も英語も大雑把には同じ系統なので、語感が似ている。

それにしても、「長い頭」とか「頭蓋骨」というおどろおどろしいネーミングだ。

ノルウェー気質なのか、ぼくが小心者なのか。いずれにせよ、これらの露岩域がぼくの野外調査の舞台である。昭和基地から20〜80㎞くらい、ヘリコプターで10〜30分くらいかかるところである。

ヘリコプターといえば、北極調査のときはヘリコプターのチャーター料は自分持ちだった。調査地まで飛ぶのに片道1時間で100万円。タクシーだったらこれで済みだが、ヘリは違う。空っぽのヘリが帰るのにも100万円要求される。そして、調査が終わり、迎えにきてもらうのにまた往復200万円で、合計400万円を捻出《ねんしゅつ》するのが大変だった。

それに比べれば、南極は北極より遠くて行くのが大変だけど、南極地域観測隊（JARE）の隊員になればあまりお金がかからない。ヘリコプター代は無料、砕氷艦「しらせ」の船代も無料、食費も無料。さすがは国家事業、小心者には大盤振る舞いの扱いだ。

われわれ野外観測グループは昭和基地に入らずに、「しらせ」から直接、露岩域の現地に運んでもらった。使用機は「しらせ」の新鋭ヘリコプターCH-101、大型の輸送用ヘリだ。ここは海上自衛隊の航空科の腕の見せどころ。「しらせ」のヘリポートから発艦すると、眼下には「しらせ」の進路を阻む厚い氷の海、そして、遠くの空の下には南極大陸を覆う巨大な氷床のほんの一部が見える。そんな景色に興奮するうちに、ヘリは現地に着いてしまった。

最初の調査地はラングホブデの「雪鳥沢」というところだ。ここは南極大陸では由緒ある場所で立派な看板が立っている。そこに書いてあることを紹介しよう。

雪鳥沢（南緯六九度一四分三〇秒、東経三九度四六分〇〇秒）は大陸性南極、リュツォ・ホルム湾の東海岸のラングホブデ中央部に位置している。雪鳥沢には沢に沿って大陸性南極に特有な風衝地生態系が発達している。一九八四年以来、コケ類と地衣類の植生変化を観察するために長期的モニタリングを継続実施している。本地域は二〇〇二年、第一四一番目の南極特別保護地区として指定された。保護地区内に立ち入る場合は環境大臣の行為者証が必要であり、生きた動植物、微生物、鶏肉、生卵、殺虫剤などを持ちこんではならない。保護区内は徒歩での行動のみが許され、植生を踏みつけたり、鳥や自然物に危害を与えてはならない。

この説明書きに3点ほど補足したい。１つめは「風衝地生態系《ふうしょうち》」について。風衝地とは「風が衝《つ》きあたる不毛の地、風砂漠」のことである。以前、やはり南極特別保護地区の№１２６であるリビングストン島のバイヤーズ半島に滞在したことを書いたが、そこは世界に名だたる暴風帯の真ん中で、風衝地のなかの風衝地。それに比べればラングホブデは風が弱い、といっても寒冷の風衝地である。ふつうなら地衣類からコケ類、草本類、木本類へと植生が遷移《せんい》するはずのところ、地衣類とコケ類が共存し、そこに若干の藻類が彩《いろどり》を添えるくらいでしかない。

補足の2つめは「第一四一番目の南極特別保護地区」について。この保護地区は英語でAntarctic Specially Protected Area、略してＡＳＰＡといい、南極条約協議国会議により指定される聖域（サンクチュアリ）である。雪鳥沢はその№１４１であるが「第一四一番目」ではない。なぜなら、ＡＳＰＡの番号付けはどういう理由か№１０１からはじまっているからである。つまり、雪鳥沢は「第四一番目のＡＳＰＡに指定され、その番号は№１４１」というのが正しい。２０１０年3月末の時点で№１７１まで71カ所がＡＳＰＡに指定されている（２０１６年の時点で№１７５まで75カ所が指定されている）。

３つめの補足は「環境大臣の行為者証」。ぼくに発行された「南極地域活動行為者証」は第50号、大してレアものではないそうだが、キリのいい数字の縁起物《えんぎもの》ではある。ここには「第四一南極特別保護地区」（英文では№１４１）と正しく表記してある、さすがお役所。さらに、期間は「平成二十二年十二月五日から平成二十三年三月十三日」とある。これはぼくたち（夏隊）が南緯55度以南で「極地手当」をもらえる99日間のことである。１００日目から極地手当の額が変わるので、99日目に南緯55度以北に出ることが必須《ひっす》。それに合わせた行為者証というのもまた、さすがにお役所。

美しい自然の音色とユキドリたちの死体

その「行為者証」を持参し、晴れて雪鳥沢ＡＳＰＡに入る。天気にも恵まれ、文字どおり「晴れて」の入域だ。ぼくは半袖《はんそで》の下着に半袖の運動着。南極は初めてという相棒が狂人を見るような目でぼくを見るので、ぼくはいった、「南極でも太陽が出て風がなければ暑いくらいだ」と。その証拠に、歩きはじめて10分もしないうちに相棒が防寒服を脱ぎだした。日が当たった岩の表面はときに30℃にもなる。しかし、日がかげると急に寒くなる。南極は一瞬ごとに季節が変わるようなところだ。

　名前のとおり、雪鳥沢は「ユキドリ」というミズナギドリ科のまっ白い鳥がたくさん棲んでいる。沢の両側にそびえる急崖《きゅうがい》の上に巣があるらしい。かつて、その巣を見たくて苦労して崖《がけ》を上った人を知っている。しかし、ぼくたちは幸運だった。沢のガレ場の岩を進んでいくと、ある岩の下からギャーギャーッと声がした。見ると、ユキドリの巣があった。南極のベテランでもユキドリの巣を見た人は多くないのに、こんなに労せずに見られたとは幸先《さいさき》よいスタートだ。ちなみに、「ユキドリ」は俗称で、正式な和名はシロフルマカモメ（*Pagodroma nivea*）というそうだ。

　沢をどこまでも上っていこうと思ったが、途中で雪に阻まれた。雪というより、氷河の末端が沢に入りこんでいたのだ。時期がちょっと早すぎたようだ。約1カ月後に再訪する予定なので、今回は無理せずに来た道を引き返す。ヘリから降ろした荷物はすでに観測小屋の近くに運んでおいた。ここには「雪鳥沢観測小屋」という立派な施設があるのだ。

　いくら立派といってもしょせん小屋でしょ、といわれるかもしれない。たしかに、昭和基地やドームふじなどの基地に比べれば、電気・ガス・水道などのインフラは貧弱だが、まったくの未整備というわけでもない。併設《へいせつ》された発電小屋には南極軽油「なんけい」を燃やす発電機が2台あり、ガスはカセットボンベのコンロがあり、水は近くの「やつで沢」から清冽《せいれつ》な雪融け水を汲んでくればよい、快適な小屋である。

やつで沢にも上ってみた。まだ厚い氷雪の下を融雪水《ゆうせつすい》が走り、水琴窟《すいきんくつ》のような美しい音色が、沢の静寂な空気にこだまする。しかし、氷雪の上は、静謐《せいひつ》な修羅場《しゅらば》だ。ユキドリの死体がごろごろ転がっている。むしり取られた羽毛、首のない体。ユキドリの天敵、オオトウゾクカモメ（大盗賊鷗）、通称「トウガモ」の仕業である。修羅場とはいえ、これが自然界のいとなみ。それを尊重し、下手に人間が介入しないこともASPAの趣旨に含まれるであろう。

小屋に戻ったら、外に出していたゴミ袋が荒らされていた。これもまたトウガモの仕業。こうなると、トウガモを尊重云々より、南極のカラスめ！　と罵《ののし》りたくなる。ゴミ漁《あさ》りするトウガモなんてトウゾクじゃない。トウガモがトウゾクの尊厳《そんげん》を保てるよう、ぼくたちはゴミ袋を小屋内に置くことにした。

意外なことに、ビニール袋にくるんでおいた冷凍塩鮭《しおざけ》は無事だった。臭いが漏《も》れなかったせいかもしれない。しかし、直射日光に曝《さら》された塩鮭は30℃くらいに温まり、その日のうちに食さねばならなくなった。しかたなく夕食メニューを変更し、鮭のチャンチャン焼きにした。それがぼくたちのクリスマスイブだった。相棒には南極が暖かいことを実感、いや痛感させられたイブだったことだろう。日本ならぼくもホワイトクリスマスなんて浮かれるところだが、南極はどうせホワイトだし、そもそもホワイトナイト（白夜）で昼みたいな聖夜、浮かれ方が違うってものだ。

そうこう浮かれているうちに、ヘリが迎えにきてくれ「しらせ」に帰艦した。ちょうど「餅《もち》つき大会」の日だった。つきたてのお餅に温かいお雑煮は、野外帰りの心身、いや小心には何よりの癒しだ。

その翌日にはちょうど１０００回目のラミングがあった。ラミング（ramming）とはチャージング（charging）ともいう「砕氷する突進」のこと。砕氷船は厚い氷に突進しては少し進み、いったん後ずさりし助走をつけてまた突進。「３歩進んで２歩下がる」の繰り返しである。艦内放送で「これから１０００回目、魂をこめたラミングです……ただいまのラミングで20ｍ前進しました」。昭和基地まであと20㎞。もう１０００回ラミングすれば到着するのだろうか。これまでラミングが２０００回を超えたときもあれば、ゼロということもあった。この第52次ＪＡＲＥではいかに？

結局、ラミング1721回で昭和基地に到着した。ぎりぎり年内の12月31日、大晦《おおみそ》日《か》の23時20分のことだった。存外に分厚い氷に苦戦、難航、決断、忍耐、そして、勝利。まるで人生の縮図を見るような砕氷航行だった。「しらせ」の乗員《クルー》には到着した歓びと新年を迎える喜びのダブル歓喜が溢《あふ》れている。この勢いで錨泊《びょうはく》だ。錨泊といっても海に錨《いかり》を下ろすのではない。氷に舫《もや》い綱を固定する氷錨《ひょうびょう》（アイスアンカー）である。

夕日がいちばん地平線に近づくと、次の瞬間にそれは朝日になる。それが「沈まない太陽」の日の出、２０１１年の初日の出だ。真夜中の太陽《ミッドナイト・サン》に照らされて、氷上作業が進む。昭和基地から行き来する雪上車のルートを示す赤い旗竿《はたざお》がどんどん立っていく。さっきまで「しらせ」を困らせていた分厚い氷が、今度は雪上車を支えてくれる頼もしい土台になる。あちこちの方向に走って展開する自衛隊員のオレンジ服が青白い氷原によく映える。

「しらせ」の艦橋《ブリッジ》には鐘がある。氷上作業が忙しくて、除夜の鐘を打つひまもない。翌朝、ぼくはその鐘を打ってみた。ふつうの除夜の鐘なら百八つだが、ぼくは16回にした。船乗りの伝統「16点鐘」だ。

行く年に感謝して8回点《つ》き、来る年を祝ってもう8回。それは、これまでの平和に感謝し、これからの平和を祈ることでもある。世界平和の象徴ともいえる南極で、「平和祈願の16点鐘」を打てたことが、ぼくは素直に嬉しかった。

「南極の頭蓋骨」で命拾い

翌朝、寒風の吹く甲板に総員集合し、艦長からの新年の訓示と自衛官昇任式に同席させていただいた。「白い大陸」を眼前にした元旦《がんたん》に昇任の辞令を受けるとは、だれにも経験できない、忘れがたい思い出として残るだろう。いいなぁ、自分もこういう昇任式をしてほしいなと思っているうちに気がついた。

社会に出てからいまにいたるまで二十余年、齢《よわい》五十も目前にして、ぼくは昇任（昇進）したことがないのだ。昇進しない小心者ではシャレにもならぬ。でも、その後の新年会の美酒で、そんなことは気にならなくなっていた。

翌日、強風をついてぼくたちのヘリコプターが飛んだ。行き先は「頭蓋骨」の露岩域「スカーレン」である。雪鳥沢には観測小屋があったが、ここにあるのは「カブース」というトレーラーハウスだ。アメリカではトレーラーハウスを住まいとする人々がたくさんいて、ぼくもそこでごちそうになったことがあるから、懐かしい気分だ。ただ、トレーラーハウスにはタイヤがついているが、カブースには橇《そり》がついている。雪上車で引っ張ってきたからだろう。

ヘリで降り立った現地もやはり荒天だった。カブースがなければ、JAREの猛者《もさ》ならいざ知らず、ぼくのようなナンチャッテ南極人は遭難への第1歩である。さらに、持参の発電機はウンともスンともいわず、電源を確保できない。電源がなければ、遭難への第2歩である。そして、昭和基地との通信。電源がないので、バッテリー駆動型の通信機（HF）をセットアップしようにも、講習会を上の空で聴いていたので、肝心のところで要領がわからない。通信ができなければ、遭難への第3歩である。

結局、ぼくが念のために持参していたイリジウム衛星電話で昭和基地に連絡し、代替の発電機を頼み、HF無線について訊いた。JGX昭和通信のおかげさまでHF無線もつながり、ひと安心。代わりの発電機も3日後に届いて給電開始、これでVHF無線もつながり、ふた安心。通信機は「命の綱」なので、ぼくは本当にホッとした。急いで、ほかの無線機やイリジウム電話を充電して、三度《みたび》安心。この3日間、201

0年、JAREで南極に発つ前に起きた、チリの鉱山落盤事故を生き延びた33名のことを思いつつ、ぼくも絶対に生きて帰ることだけを考えていた。

幸い天気も回復し、自分の頭蓋骨《しゃれこうべ》を曝《さら》すことなく、元気に野外調査に出かけられるようになった。南極名所の「スカーレン大池」で、名物の「パン状藻被《そうひ》」という藻類の塊《かたまり》を採集し、そのほかにもインスピレーションが湧いて、いろいろなサンプルを得ることができた。小心者が急に元気になる瞬間である。

この次に飛ぶ先は「鵜の岬」、スカルブスネスだ。ここでは小屋もカブースもない、まったくのテント生活になる。とにかく「小心者」と馬鹿《ばか》にされても構わない、新たな調査地での計画を慎重に考える。ぼくはたんなる生還よりもっと贅沢《ぜいたく》なことを求めているからだ。それは、せっかく南極に来たのだから「来る前と同じくらいの健康状態で帰りたい」という願いである。ぼくはJARE史で最弱の小心者に違いない。

「しらせ」への帰還

富士山より高い日本の山？

昭和基地が建っているのは南極大陸ではなく、東オングル島という島である。その対岸部、つまり南極大陸の沿岸部には、ところどころ、雪も氷もない剝きだしの岩盤地帯（露岩域）がある。そのうち、ラングホブデ、スカルブスネス、スカーレンという露岩域には観測小屋やカブース（トレーラーハウス）などの宿泊拠点が数カ所にある。それがなくても、テントを張ってキャンプできる。ぼくはそのテントで、この原稿を書きはじめている。

テントの眼前には氷山がそびえる氷海、背後には氷河から下りてくる雪氷の壁。こんな絶景の地でのキャンプなんてめったにないだろう。清澄《せいちょう》な空はどこまでも青く深い。そういえば、昨年（２０１０）のいまごろ、「（南米・アンデスの奥地の）アタカマ高地は、水蒸気が少ないので霞《かすみ》のかかるはずもなく、空をあおげばまるで宇宙が透けて見えるかのよう」と書いた。南極もそうだ。極寒にして極乾だから、大気に水蒸気が少ない。光や電波を遮《さえぎ》る水分が少ないのだから、宇宙が透けて見えそうというのはまさに本当で、日本の国立天文台は南極に新型望遠鏡を建てようとしているくらい。

南極に望遠鏡？　そう、標高５０００ｍのアタカマ高地に電波望遠鏡を建てるのと同じくらい、南極にも光学望遠鏡をつくるだけの意義がある。南極に望遠鏡をつくろうという標高は３８１０ｍ、富士山より高い。頭上には水蒸気のない薄い大気があるのみ。いまにも宇宙が透けて見えそうではないか。しかも、１年のうち約半年は極夜《きょくや》（連続夜）なので、長時間の連続観測ができる。ただし、極寒のうえに高山病のリスクがあるので、無人化を図るそうだ。

それにしても、なぜ「南極の標高３８１０ｍ」というピンポイントなのか。それは、ここにすでに基地―ドームふじ基地―があるからだ。日本の約37倍の面積の南極大陸のうち、日本とほぼ同じ面積が露岩域で、残りの約36倍は氷河、いや「氷床」に覆《おお》われている。その氷床にはいくつかの盛り上がり（ドーム）があって、ドームＡ、ドームBなどと呼ばれている。日本の昭和基地から内陸に約1000㎞のところにドームFがあり、そこが日本の南極地域観測隊（JARE）の活動範囲に入った。ゆえにドームFは「ドームふじ」と呼ばれるようになったのである。

ドームふじの標高は富士山より高い。日本の領土ではないが、日本一高い場所であるといいたい。そして、日本一低い温度（マイナス79・7℃）を記録した場所であると。こんな極寒の地で何をしているのか。2007年に3035mを掘り抜いた氷床掘削である。過去に降った雪が厚く積み重なって氷となり、地層のように氷層をなす。それぞれの層はそのときの降雪がもたらした大気データの記録である。つまり、氷床掘削は何十万年にもわたる連続記録の解読なのである。ドームふじの氷床掘削では過去72万年間の気候変動を再現することができた。

斯様《かよう》に「ドームふじ」は氷床深層掘削と地球気候変動ですばらしい成果を挙げた南極屈指の基地であり、これからは「宇宙を見る」ための拠点にもなりそうである。地球の深部と過去、そして、宇宙。これはぼくのツボを刺激しまくりだ。ぼくは、いつか、そこへ吟遊できるだろうか。そんなことを夢想させる、南極泊テントである。このときばかりは、JARE史上最弱の小心者のぼくでも、気持ちが大きく広がる。

殉職したカラフト犬

南極のテントから砕氷艦「しらせ」に帰ってきた。ドームふじ隊も帰ってきた。小心者の望みである「生還」は叶えられたわけだ。ここであらためてぼくは、1960年に南極で殉職《じゅんしょく》した福島紳《しん》隊員のご冥福をお祈りする。昭和基地で犬のタロに餌をやりに行って猛吹雪に遭い落命した福島隊員だ。ここでぼくはふと思った。タロに餌をやったなら、ジロは？

タロとジロは第1次JAREで活躍したのに翌シーズンの2次隊の帰国時に取り残された15頭のカラフト犬のうち、独力で越冬生存した2頭の兄弟犬である。本当はサブロもいて3兄弟だったが、サブロは南極前の訓練中に病死してしまった。この兄貴分の2頭が南極の厳冬を生き延び、3次隊で救出されたのだ。映画『南極物語』にもなった話なので、皆さんもご存じだろう。

じつはこの感動の3次隊に福島隊員は参加しており、タロとジロそして新たなカラフト犬たちの世話を手伝っていた。その次の4次隊にも福島隊員は参加したが、ジロはその間に昭和基地で病死した。一方、タロは元気なまま、隊員のアイドルとして昭和基地で過ごしていた。

　福島隊員は、ぼくみたいに夏隊の4カ月だけで弱音を吐くような小心者ではなかった。JARE2回連続の隊員（3次夏隊、4次越冬隊）という猛者にして、京都大学を出て理化学研究所に就職したばかりの若き優秀な科学者だ。残念ながら、彼が生きて故国の土を踏むことはなかったが、彼が最後に餌をやったタロは生きて日本に帰り、札幌で天寿をまっとうした。タロの剝製《はくせい》は北海道大学の博物館に、ジロの剝製は東京・上野の国立科学博物館に展示されている。

　ちなみに東京タワーの麓《ふもと》に「南極観測ではたらいたカラフト犬の記念像」がある。生残したタロとジロだけでなく、殉職したほかの13頭の貢献《こうけん》を永く讃《たた》えるために建てられたと聞く（現在は東京都立川市にある国立極地研究所の南極・北極科学館で展示されている）。

　もうひとつ、ちなみに、「15頭」という固定観念を壊したい。1次隊の犬係だった北村泰一《たいいち》氏（のちに九州大学教授）の述懐では、当初22頭、病気などで帰国3頭、残り19頭が1次隊で使役《しえき》された。最初の越冬中に2頭が病死、1頭が行方《ゆくえ》不明で、2次隊に残ったのは16頭。そのうち、雌のシロ子は8頭の仔《こ》を産んだ。ここで24頭。「この母仔合わせて9頭」は残置されず連れて帰られた。結局、24引く9で15頭が残置されたということである。こんなむかしの犬の数のことなんて、どうでもいいことだけど、現地の昭和基地に来たらきちんと記録したくなったので、あえて書かせていただいている。

なお、南極探検といえばむかしは犬や馬を連れていったものだが、いまは南極条約に対応した国内法「南極地域の環境の保護に関する法律」により「生きていない哺乳《ほにゅう》類《るい》・鳥類や生きている生物」は持ちこめないことになっている。

気宇壮大な男・ヴェルヌ

南極点に最初に到達したアムンセン隊は犬橇《ぞり》を使った。2番目に到達したスコット隊はエンジンと馬を使った（どちらも役立たずだった）。いまから約100年前のことである。ところが、それより前に南極点に到達したという話がある。いや、SF小説の話だ。SF界の巨匠ジュール・ヴェルヌによる名作『海底二万里』（原書186

9―70年）である。

もしも太陽の円盤のちょうど半分が見えなくなる瞬間とクロノメーターの正午が一致すれば、わたしたちは極点に立っていることになる。

「正午です！」とわたしは叫んだ。

「南極です！」とネモ艦長はおごそかな声で答えると、わたしに望遠鏡を渡した。見ると、太陽が水平線でちょうど真っ二つに切り取られていた。

（中略）

「本日、一八六八年三月二十一日、南緯九〇度の南極点に到達し、地球上の第六番目の大陸であるこの地域の領有を宣告します」

ジュール・ヴェルヌ『海底二万里』（村松潔訳、新潮文庫）下巻より

ここでは「三月二十一日」というのがミソだ。秋分の日（北半球にある日本では春分の日）である。南極点に立つと、太陽がいちばん高くなるとき、つまり正午、太陽は地平線から半分しか顔を出さない。それが確認できれば南極点にいることがわかる。

いちばん簡単で確実な確認法だ、さすがヴェルヌ。地球を外側（宇宙）から眺めてなければ、こんなふうには書けないと思う。

さて「ネモ船長」が南極点に到達したのは1868年の3月21日。日本ではまさに「御一新」、いわゆる明治維新のまっ最中だ。明治天皇が「五箇条の御誓文」を発したのが、新暦なら4月6日、翌5月には江戸城の無血開城だ。

元号はまだ慶応（4年）であり、明治になったのはその年の9月8日（新暦10月23日）からである。ただし、同年1月1日に遡《さかのぼ》って明治元年とすると定められた。そういう風雲急を告げる春の彼岸（春分の日）に、ネモ船長は南極点に立っていたのだ。ヴェルヌ1人の想像力のほうが明治維新より気宇《きう》壮大《そうだい》だったのか。ぼくも南極大陸に立ち、そこで寝て、そんな思いにかられていた。

ぼくのねぐら、鳥のとぐら

南極のテントから「しらせ」に帰って、自分の塒《ねぐら》に戻った気分だ。往路では、窓のない穴倉《あなぐら》みたいな船室に違和感を覚えるばかりだった。窓つきの船室もあるのだが、たまたまぼくのいた船室が窓なしだっただけだが。

暴風圏や氷海域を突破する約1カ月をそこで過ごし、ようやく馴染《なじ》んだというころに野外生活にでかけた。野外では約1カ月半にわたって小屋やテントなどで生活した。最初のうちは穴倉から解き放たれた爽快感《そうかいかん》に浸っていた。日常生活では体験できないような不便なことも新鮮な経験として楽しんでいた。しかし、繰り返しているうちにだんだん面倒になってきた。そして、不便や面倒に慣れたころ、野外生活が終わった。

野外生活で不便というか面倒だったのは、電気・ガス・水、英語でEGWと略称される生活の基本を自分で調達しなければならないこと。そして、ゴミ捨てとトイレだった。ゴミの分別回収はもちろんだが、ちょっとした洗い水も勝手気ままには捨てられない。南極ルールがあるのだ。そして、トイレの廃棄物も。ぼくは法令の許す範囲で「雉撃《きじう》ち」(山男の隠語)をしたが、一緒に行動した相棒は仮設トイレを使ったので、廃棄物が残る。そういうのを持って調査地から調査地へ飛びまわり、最後は昭和基地で処分する。こういう体験を経て、廃棄物処理は日常生活のインフラであるとともに、文明社会のインフラであることがわかる。すると、退屈だった「しらせ」の穴倉が急に豪華ホテルのように思えてくる。ここは、「ふつうの生活」ができる文明の一部なのだ。

ところで、「しらせ」の穴倉が自分の塒だという気分になって、ふと思った。「塒」という漢字は見れば見るほどおもしろい。土ヘンに「時」というツクリだ。穴倉との連想でいえば、「ねぐら」は寝倉と書いてもよさそう。いろいろな辞書には「寝座《ねくら》」とある。どうも「鳥の寝るところ」を意味するようで、鳥座《とぐら》あるいは鳥栖《とぐら》ともいうようだ。漢字界の巨人だった白川静《しずか》の『字通』には「鶏、垣に棲《す》むを塒と為《な》す。ねぐら、とぐら、とや」とある。土ヘンに「時」ということにはあまり意味がないらしい。時、空の旅人としてはちょっと残念。

ここで、ふと思った。鳥の巣を「とぐら」というのなら、もしかしたら、蛇のトグロというのは「とぐら」に由来するのではないだろうか。つまり、蛇が鳥の巣を襲う様子、すなわち、「とぐらを巻く」蛇の姿から「トグロを巻く」という表現が生まれたのではないか。と考えていたら、やはりそうで、いくつかある説のなかにそういう見解もあった。やはり白川字書はインスピレーションを与えてくれる。

そう、塒はもともと「鳥の巣」である。ぼくがいった露岩域のひとつ「雪鳥沢」はまさに鳥の巣だった。名前のとおりユキドリ（正式和名シロフルマカモメ）はもちろんのこと、それを捕食するオオトウゾクカモメ（通称トウガモ）、そして、やはりトウガモに食われるペンギン。では、ペンギンやユキドリは何を食べているのだろう。

じつは両者とも魚やオキアミを食べている。たしかに陸に営巣《えいそう》し、陸で繁殖《はんしょく》するのだが、食事は海なのだ。そして、彼らの糞尿《ふんにょう》や遺骸《いがい》が分解して窒素《ちっそ》やリンなどの栄養分となり、露岩域《ろがんいき》に植物―コケ類―が生えるようになる。さらに、コケの遺骸の有機物と岩石由来の細砂が混じって、土ができる。土壌形成《ペドジェネシス》である。

氷河によって表土もろとも削られた露岩域。そこに土がよみがえる。それは魚やオキアミなど「海の幸」を食べるユキドリとペンギン、そして、それらを捕食するトウガモたちの食物連鎖とそれにともなうコケ植生の賜物《たまもの》。こんなシンプルな生態系でも、豊かな「海の幸」から荒涼たる露岩域に土を生みだすのだ。その様子は、まるで、太古の土壌形成を目の当たりにするよう。最初の土はどうやってできたのだろう。南極から離れつつある「しらせ」の艕のなかで、ぼくはまた時空の旅に出る。

第五章

宇宙へ、心の旅

宇宙エレベーターに夢をのせて

「バベルの塔」に「ジャックと豆の木」。人はいつだって天を目指す

高さ６３４ｍの東京スカイツリーは、ギネス世界記録で認定された世界一のタワーだ。

ただし、建造物としては世界第2位。なんとタワーより高いビルがある。アラブ首長国連邦のドバイにある超高層ビル「ブルジュ・ハリファ」は、尖塔を含めた全高が８２８ｍもある。ビル本体の屋根の高さ、いわゆる軒高でも６３６ｍだから、本当に東京スカイツリーより高い。そのうち１０００ｍを超える建物もできるのではないだろうか。

人間は高い建物が好きなのだろうか。しかも、高い建物といえば、たいていは塔だ。

理屈からいえば、ピラミッドみたいに土台というか底辺をバカでかくとれば、全体を安定させたまま頂上を高くすることができる。しかし、それには莫大な量の建材と、それを積み上げるだけの時間と労働力と土地が必要なので、現実的ではない。だから、手っ取り早くつくれる、細長い塔になってしまうのだろう。

こういう話になると出てくるのが「バベルの塔」だ。旧約聖書の創世記で述べられる巨大な塔で、天にも届かんばかりだったという。

ところが、天にましますす神さまにしてみれば、信仰心の篤《あつ》い魂だけが昇天してくるのはよいとしても、だれも彼もが塔をのぼって、物理的に肉体ごと、まさにフィジカルに、どやどやと天にやって来られるのが嫌だったのだろう。バベルの塔は神さまによって壊されたことになっている（ただし、塔の破壊について創世記には明示されていない）。

バベルの塔がどれほど高かったかはわからない。しかし、壊されても崩されても、人間はやはり天を目指して塔をつくる。そして、さらに高みを夢みる。

いまとなっては、それはもはや建造物ではない。光をもとめて上へ上へと伸びる植物だ。「ジャックと豆の木」の豆の木のように。

はてさて、豆というのは木か草か。英語で、〃豆の木〃はビーンストークbeanstalkという。ストークstalkは細長い茎や蔓《つる》のことで、むかしは「ジャックと豆のつる」と訳した本もあったというが、やはり「豆の木」のほうがしっくりくる。なお、「ストーカー」という言葉には、植物の蔓がはびこる様子から「いつのまにか蔓延《まんえん》する、忍びよる」という意味があり、さらに「つきまとう」という意味でストーカーの語源になった。

話をもとに戻そう。21世紀のいま、ビーンストークには別の意味がある。それは「宇宙エレベーター」である。天どころか宇宙まで達する究極のエレベーターのことだ。

いま世界最高（最長!?）のエレベーターは何mだろうか。世界一高いビルであるブルジュ・ハリファのエレベーターは、途中で乗り換えるらしいから、〃一本もの〃としてどれくらい高いか、ぼくは知らない。打ち明ければ、他のエレベーターのこともぼくはよく存じ上げない。研究用のエレベーター塔としては、茨城県ひたちなか市にあるG1TOWER（日立製作所）の213・5mが世界最高とのこと。でも、どうあがいても当面は１０００ｍもいくまい。

宇宙エレベーターはこれよりずっとすごい。１０００ｍどころか１０００km、いや、１万kmをも超える。その頂上は、地上から３万６０００km、地球から月までの距離の１／10くらい。ここはいわゆる「静止軌道」(geostationay orbit、ＧＳＯ) である。これに比べれば、いま国際宇宙ステーション（ＩＳＳ）が飛んでいるのは、その１／１００、高度３６０km前後。宇宙エレベーターからはずいぶん下に見える。……いや、見えないかもしれない。

ＩＳＳの高度の話をすると、なんだそんなものか、という反応をよく耳にする。３６０kmというのは、東海道五十三次（東京の日本橋から京都の三条大橋まで）の直線距離もない。地球儀の上で、東京と京都の距離をタテにすれば、それがＩＳＳの軌道高度である。こんなので宇宙といえるのか、という声が聞こえてきそうだ。しかし、国際航空連盟によって、１００kmより上は宇宙であると線引きされている。この線のことをカーマン・ラインという。ＮＡＳＡでは高度80kmに達したら宇宙飛行士に認定されるそうだ（マイク・ミュレン著『ライディング・ロケット（上）』ｐ３０１）。

静止衛星から地上へケーブルを下ろせば、エレベーターのできあがり!?

というわけで、ＩＳＳが飛んでいるのは、歴《れっき》とした宇宙空間である。この軌道は地球低軌道（low Earth orbit＝ＬＥＯ）と呼ばれていて、約1時間半で地球を1周する。スペースシャトルもこのあたりを飛んでいた。この高度でも大気との摩擦で減速するが、これより低いともっと減速するし、これより高いと放射線が強くなるという、微妙なニッチみたいな軌道なのだ。

ＩＳＳの軌道では、1時間半で地球を1周するが、もっと高い軌道だと、24時間で地球を1周する。つまり、地球の自転と同期するので、地上からみるとそれが天空の一点に止まっているように見える。だから静止軌道といい、それを静止衛星という。気象衛星「ひまわり」や放送衛星などがそうだ。

世界初の静止衛星は「シンコム2」という通信衛星だった。１９６３年7月に打ち上げられ、同年11月、日米間で初のテレビ衛星中継が行われようとする、まさにそのときにケネディ大統領が暗殺された。衛星中継時代の幕開けは衝撃的だったのだ。

静止軌道は別名「クラーク軌道」と呼ばれている。クラークはSF巨匠の故アーサー・C・クラークである。クラークは静止衛星による通信リレーのアイデアを1945年に発表した。静止衛星のアイデアはもっと前からあったが、クラークの衛星通信のアイデアのほうが重視され、国際天文学連合から正式に「クラーク軌道」と命名されたのだ。

さて、そのクラークが大真面目に説いたのが宇宙エレベーター（軌道エレベーター）である。

静止衛星から地上へと索（ケーブル）を下ろし、それを地上で固定すればエレベーターの主索のできあがり。静止衛星ではないが、スペースシャトルから索（テザー）を繰り出す実験は、1992年（STS-46＝この次のSTS-47が毛利衛さんの初飛行）と1996年（STS-75＝この前のSTS-72が若田光一さんの初飛行）の2回行われた。が、どちらもよい結果は残せなかった。

宇宙エレベーターの問題は2つ。

ひとつは主索の素材だ。3万6000kmもの長さだと、自重だけでも相当な重さになる。それを静止軌道の高さから吊り下げるのだから、途中でブチッと切れてしまわないか。そんじょそこらの素材では実現できそうにない。

主索の素材について、クラークは『2061年 宇宙の旅』で、ダイアモンドを提唱した。それは木星の奥に秘められていたダイアモンドで、このアイデアの学術的な根拠は「天王星と海王星の氷層—天空のダイアモンド?」という題の論文である(Marvin Ross著、Nature誌、292巻、435-436頁、1981)。相場が暴落するほど大量の(木星由来の)ダイアモンドを素材に使って宇宙エレベーターをつくり放題というわけだ。

しかし、いますぐに木星のダイアモンドを使うのは非現実的だ。それに代わるものが必要である。そこに現れた救世主が、1985年に発見された炭素原子60個からなるC60フラーレンだ(発見者は1996年にノーベル化学賞を贈られた)。フラーレンの変種のひとつがカーボンナノチューブ(CNT)である。1991年に、日本の飯島澄男博士が、CNTの量産を可能にする発見をした(飯島博士はノーベル賞候補である)。そして、CNTを圧縮するとダイアモンド並みに硬い「超硬度ナノチューブ」になる。軽くて硬い。この素材が宇宙エレベーターの主索として有望視されているのである。

宇宙エレベーターの実現に向けて、もうひとつの問題は「上がる仕組み」である。これについては宇宙エレベーター協会が「宇宙エレベーター技術競技会」を開催するなど、実用化に向けた技術開発に情熱が傾けられているので、「いつかできるだろう」とぼくは明るく期待している。

まずは宇宙エレベーターの未来を疑似体験してほしい。それをするには日本科学未来館のフルCGアニメ「宇宙エレベーター」を観ることだ。そして、フランスの吟遊詩人ランボーの「てっぺん塔の歌」のフレーズを口ずさんで、そのときが来るのを待とうではないか。

時よ、来い、
あゝ、陶酔の時よ、来い。

（小林秀雄訳『ランボオ詩集』創元ライブラリより）

地球のパートナー、月

金環食、スーパームーン、ブルームーン

「中秋の名月」。いわゆる「お月見」の十五夜、お団子《だんご》をお供《そな》えして実りの秋を祈る満月である。ぼくは団子よりもっぱら月見酒だが。

月に関する天文現象といえば、話題になったのが2012年5月21日にあった金環日食。金環日食は太陽が翳《かげ》る日食だが、太陽を隠すのは月――新月――である。ふだんは見ることのできない新月が、このときばかりは太陽を背景にシルエットとして見えるのである。

日食が見えている場所には月の影が落ちている。この日、準天頂衛星「みちびき」は、ちょうど日本のあたりに月の影が落ちている写真を撮影した。この「月の影」は

国際宇宙ステーションからも観察された。

金環日食のすぐ後、6月4日には月食があった。ただし、全部が欠ける皆既月食ではなく、部分月食だった。この日は「虫歯予防デー」ということで、あたかも満月が虫歯になったかのような月食だった。

これが2012年に日本で見られた唯一の月食だった。2010年は月食が3回もあったし、2011年は2回、両年にわたって過去3回連続して皆既月食だったことを考えると、2012年の月食はちと寂しい。でも、月食のない年もあったことを思えば、まだマシか。この10年でいえば2002・2003・2009年は月食がなかった。そして、2013年も月食がないし、オリンピックイヤーの2020年にも月食がない。

月食のとき、月から見たら日食が起きている。それは「地球が太陽を隠す」ような日食である。この様子は月周回衛星「かぐや」が2009年2月10日にハイビジョンカメラで撮影した。

さて、月食以外でも月に関して盛り上がるネタといえば、「スーパームーン」。毎月のように満月はあるが、とくに大きく見える満月はめったにない。

月が大きく見えるのは、月と地球の距離が縮まったときである。月の軌道は完全な円ではなく楕円《だえん》なので、地球にいちばん近い点（近地点、ペリジー）といちばん遠い点（遠地点、アポジー）がある。たまたま近地点のときに満月だと、いつもより大きな満月、スーパームーンになる。

満月の半月後（約15日後）が新月である。満月が近地点のスーパームーンなら、半月後の新月は遠地点にある。いつもより遠くにあるから、いつもより小さく見える。そのときの新月が太陽を隠したのが、２０１２年の金環日食だった。

大きく見える月だと太陽を完全に隠せるので皆既日食、小さく見える月だと太陽の外周部がはみ出てしまうから金環食になる。いちばん大きく見える満月スーパームーンと金環食はたった半月の間をおいて互いに関係があったのだ。

天文学的なことに関係あるムーン・イベントはほかにもある。たとえば「ブルームーン」。大気中の塵《ちり》のせいで青く見える月のことではない。ここではいうブルームーンは、ふつうなら1年に満月は12回のところ（だから1年は12カ月）、2～3年に一度、満月が13回という年があり、その1回多い満月がブルームーンである。

13回のうち、どの1回をブルームーンとするかはいろいろある。しかし、20世紀半ばに誤解から生じたブルームーンの定義が今ではよく知られているかもしれない。それは「ひと月で2回目の満月」である。

日食と月食とスーパームーンとブルームーン、これだけのムーン・イベントがある年はそうそうあるものではない。ちなみに、「ひと月で2回目」の満月という誤解に基づいた定義に従うと、２０１８年にはブルームーンが2回もある。

月は、太陽系のなかでも珍しいほど〝大きな衛星〟

月が地球の大切なパートナーだ、というのは、月は地球にとって分不相応に大きな衛星だからである。直径でみると、月は地球の27％、質量でみると、月は地球の１・２３％である。

月がいかに大きい衛星かというのを、太陽系の大きな衛星を例にして説いてみよう。

太陽系最大の衛星ガニメデは、母惑星（木星）に対して、質量では０・００８％しかない。太陽系第2位の衛星タイタンも、母惑星（土星）に対して質量で０・０２４％しかないのだ。太陽系第3位と第4位の衛星もまた木星の衛星だが、第5位はなんと地球の衛星「月」である。月が母惑星（地球）に対して、いかに奇妙なほど大きいかわかるだろう。

とはいっても、ハンマー投げの室伏広治《むろふしこうじ》に対するハンマー球――質量にして7・3%――ほどの不釣合いではないが。室伏広治が約1・2kgの夕張メロンを振り回したら、ほぼ地球と月くらいになる。

この奇妙なまでに大きな衛星「月」の成因としておもしろい考え方に「巨大衝突説」（ジャイアント・インパクト説）がある。これは、地球に〝テイア〟という仮説上の惑星が衝突し、その破砕物が宇宙に飛びだして再集合したのが月であるという仮説である。

月の成因はさておき、地球がこれほど大きな衛星を持っていたことが、地球における生命誕生にとって有利にはたらいたという説もある。この説を検証することはできないが、思考実験として、「もしも月がなかったら」とか「もしも月が2つあったら」とか考えることは楽しい。

今年の中秋の名月は、そんなことを考えながら愛でてみようかと思っている。

火星の呪い

なぜ、火星へのアクセスが失敗し続けたのか？

まだ炎暑の真《ま》っ只中《ただなか》だった2012年8月6日、最新の火星探査車（ローバー）「キュリオシティ」が超美技ウルトラC級の着陸に成功した。

「キュリオシティ」の着陸地点はよく〝火星の赤道付近（南緯4・6度）にあるゲール・クレーター〟といわれる。それは地球でいうとニューギニア島の西半分、インドネシア領のパプア州に当たる（東半分はパプアニューギニア独立国領）。

熱帯のニューギニア島に明らかな四季がないのと同じように、「キュリオシティ」の着陸地点でもあまり四季は感じられないだろう。しかし、強《し》いていえば、火星の南半球は2012年9月29日が春分で、年明けの2013年2月23日には夏至になる

(火星の南半球では、2017年11月20日が冬至、2018年5月22日が春分、同年10月16日が夏至になる)。「キュリオシティ」がいるのはそういう季節感の場所だ。

火星は、月以外では、もっとも多くの探査機が送りこまれた、あるいは、そう計画された天体である。そのスタートは私が生まれる半年前のことだ。旧ソ連(現ロシア)の「マルス計画」における火星ロケットが続々と打ち上げられたが、失敗の連続だった。以来、計55機が火星に向けて発射された。

その55機のうち、成功および〝一部〟成功は、半分ちょっとの29機、残りは失敗である。打上げの失敗、火星への飛行中の通信・推進トラブル、火星周回軌道への投入失敗、着陸失敗などなど。

これを「火星の呪い」、あるいは、「火星人の呪い」という。

失敗した26機には、日本初の火星周回機「のぞみ」(1998年打上げ)も含まれている。「のぞみ」は火星に向かう途中にトラブルが発生し、2003年の大晦日をもって電波通信を停止し、ミッション終了した。いまは火星から離れたところで、火星と同じ軌道(公転軌道)を飛んでいる……あと何億年も。

おもしろいといっては不謹慎かもしれないが、米国の火星周回機「マーズ・クライメイト・オービター」（1998年打上げ、1999年失踪）は、〝メートル法〟と〝ヤード・ポンド法〟の混同が失敗の原因だった。まさか20世紀の終わりにこんな〝うっかり〟が！

周回するだけでも失敗するのだから、着陸はもっと難しい。火星着陸は、着陸機（ランダー）15機と探査車（ローバー）6機が試みられた。そのうち、「バイキング1号」と「バイキング2号」は、それぞれ周回機と着陸機がすべて成功した優等生である。これで火星探査機の成功例29例のうち4例を稼いだのだ。しかも、火星表面での稼働時間は、それぞれ2306地球日（1976―82）および1315地球日（1976―80）という長命だった。これを記念して「バイキング1号」は「トーマス・マッチ記念基地」と命名されている。

ただし、このバイキング計画は〝着陸〟というオペレーションにおいては大成功だったが、〝生命探査〟というミッションでは、「火星に生命はない」という興ざめな結果しか出せなかった。

しかし、その後、着陸機「フェニックス」（2008）が、火星の北極の土壌の表面直下に「水の氷」を発見したので、〝水がある惑星〟という火星のイメージアップに貢献した。

着陸したら動かなくてすむ着陸機より、着陸してさらに動かねばならない探査車（ローバー）はもっと難しいはずである。ところがこれについては、6例のうち4例という意外な高率で成功している。成功はすべて米国で、失敗は旧ソ連である。

初めて成功した火星ローバーは、着陸機「マーズ・パスファインダー」に搭載されていた「ソジャーナ」（1977）である。

重さ10・5キログラム、柴犬ほどの重さしかない。想定寿命1週間のところ、84地球日も動いた。いや、84日目に着陸機が停止しただけで、「ソジャーナ」はその後も着陸機のまわりを回っていたはずだ。あたかも物言わなくなった主人のまわりを柴犬がうろうろするように。

「マーズ・パスファインダー」の着陸機は独創的だった。パラシュートやロケット噴射で減速したら、なんとエアバッグを展開し、少なくとも15回バウンドしてから止まったというのだ。この奇想天外な着陸機は、のちに「カール・セーガン記念基地」と命名された。

次に成功した火星ローバーは、双子《ふたご》の「スピリット」と「オポチュニティ」だ。これらも長命で、設計寿命は92地球日だったところ、２００４年の着陸以来、「スピリット」は２６９５地球日（２６２３火星日）も移動した。そして、「オポチュニティ」は（２０１７年６月現在）、４８００地球日以上経ってもなお稼働中である。両機合わせて52km以上、「オポチュニティ」だけでも約45kmを走破している名ミッションだ。

人類の期待をのせた「キュリオシティ」

これを上回る成果が期待されているのが、２０１２年に着陸した火星ローバー「キュリオシティ」である。（２０１７年６月現在）１７００地球日以上も稼働し、18km以上も走破している。やはり名機である。

これの本名は「火星科学実験室」Mars Science Laboratory（ＭＳＬ）であるように、〝動く実験室〟として多種多様な観測・分析装置を搭載している。

「キュリオシティ」は、大きさも重さも小型車並みで、質量はなんと約９００kg！着陸だけの「バイキング１号・２号」が各５７２kg、「フェニックス」が３５０kg。

先輩ローバーの「ソジャーナ」は柴犬並みの10・5kg、「スピリット」と「オポチュニティ」も各185kg。それまでの6機合計が1874・5kg。その約半分が、たった1機に集約されたことになる。

「キュリオシティ」の搭載機器のなかで、私は〝レーザー光線〟に興味がある。

これは、火星の岩石や土壌の元素分析に用いるとされている。岩石を蒸発させるほど強力なレーザー光線なので、もしかしたら、本当の狙いは岩石ではなく、「キュリオシティ」を壊しにくる火星人、つまり「火星人の呪い」への攻撃用なのではないかと疑っているところだ（笑）。

「キュリオシティ」のミッションすなわち使命のひとつは、これまで火星で検出されなかった有機物の発見である。有機物は〝生命につながる物質〟なので、これが見つかれば、いったんは興ざめになった火星生命探査への情熱が再燃するだろう。

その有機物はもしかしたら、「キュリオシティ」のレーザー光線に恐れをなして逃げていった火星人の粘液かもしれない。

超新星爆発の恐怖

流星群を楽しく見よう！

毎年10月下旬に、極大（ピーク）を迎えるオリオン座流星群がある。が、ぼくはいままで見たことがないし、今年もだめだった。

ただ、ぼくはオリオン座流星群との相性が悪いだけで、ほかの流星群なら見たことがある。

何よりも記憶に残っているのは２００１年（平成13）の「しし座流星群」だ。11月18日午前0時から午前5時まで一晩中、それはもうたくさんの流れ星が降る「大流星雨」だった。午前3時の極大時は肉眼でも1時間に１００個以上、つまり、30秒に１個くらいの流れ星だった。

ぼくはそれを相模湾沖の洋上で観た。水平線が延びる広い空一面に星が流れるすばらしい天体ショーだった。

今年のしし座流星群はどうだろうか。

……と、その前に、説明しておきたいことがある。そもそも、〝オリオン座〟流星群とか〝しし座〟流星群というのは、反語風にいえば「そこを見ても見えない」という意味だ。「そこ」とは、〝オリオン座〟〝しし座〟そのもののことである。なぜ〝そこ〟を見てもダメなのかというと、そこは流星の「放射点」といって、確かにそこから流れてくるのだが、光るのはちょっと流れた後、放射点から離れたところで光るからである。

流れ星を見るには、放射点の中心を見てもダメ。放射点をボーッと眺めつつ、目の端のほうで流れる光を待つのがよい、と思う。

2012年のしし座流星群が極大を迎える11月17日土曜の夜は、放射点があまり天高くない。つまり、空の低いところにある。そのため、観測にベストな状態とはいえない。しかし、月は三日月で早々に沈んでしまうから、月明かりに邪魔されることがないので、それなりに期待できるかも。

11月の夜空は、夜の帳《とばり》が下りてすっかり暗くなる午後8時から9時ごろ、東の空にオリオン座が上ってくる。これは、ギリシア神話の巨人オリオンの星座なので、人形《ひとがた》である。つまり、星々がオリオンの頭・肩・腕・腰・脚などを描いている。

オリオン座は、東の空に上るときは、〝腰のベルト〟に相当する「3ツ星」が縦に並んで上ってくるのが印象的だ。また、西の空に沈むときは、巨人が傾きつつも立ったまま沈むのが勇壮である。オリオン座は、上るも沈むも、じつにカッコイイ星座なのだ。

ところが、南半球でオリオン座を見たとき、ものすごい違和感を覚えた。確かにオリオン座はオリオン座なのだが、何かが違う……。

あっ、上下左右が逆さま、オリオン座が逆立ちしている！　いや、空がひっくり返ったわけではない。星座に対して、自分が逆立ちしたということだ。南半球では天が逆になるのだった、それを忘れていた。

逆立ちしたオリオン座では〝右下〟だが、日本でふつうに見るオリオン座なら、〝左上〟のほうに赤く明るい星がある。オリオン座のナンバーワン、すなわち〝アルファ星〃の「ベテルギウス」である。

3ツ星をはさんで、ベテルギウスの対角線上には、白く明るいナンバーツー、すなわちベータ星の「リゲル」がある。紅白揃って縁起よさそうな星座ではないか。

紅白あるいは赤白というと、赤の平家と白の源氏、源平合戦を思いだす。実際、オリオン座の赤いベテルギウスと白いリゲルは、それぞれ平家星、源氏星と呼ばれることもあったようだ。ただし、理由はよくわからないが、逆の例（ベテルギウスが源氏星、リゲルが平家星と呼ばれること）もあるらしい。

さて、ベテルギウスは、オリオン座のアルファ星のくせに、ベータ星「リゲル」より暗いことが多い（アルファ星というのは、1つの星座のなかで、もっとも明るい星を指す）。最高潮のときはリゲルより明るいのだが、たいていはリゲルより暗い。そう、ベテルギウスは〃恒なる星〃（＝ほぼ変化しない星）の恒星ではあるが、明るさが変動する変光星でもあるのだ。

変光星にもいろいろある。わかりやすいのは、2つの恒星の片方が他方の前を通るとき――これを〃食〃という――、光度が増減するような〃食変光星〃だ。この場合、見た目の明るさが変わるだけで、それぞれの恒星の明るさは不変である。

それに対し、ベテルギウスは〝脈動変光星〟といって、その星自体の明るさが脈打つように変わるのだ。ベテルギウスの場合、いくつかの脈動周期があることが知られている。

太陽くらいの大きさの恒星でも、太陽より大きな恒星でも、脈動は、恒星の寿命の末期症状といわれている。

さらに、ベテルギウスでは、末期どころか〝死戦期〟と目される現象も観察された。大きさ（直径）が15％も小さくなったのだ。

ベテルギウスは、太陽以外で初めて直径がちゃんと測られた恒星である。〝ちゃんと〟というのは〝いろいろな方法〟でという意味と、ハッブル宇宙望遠鏡で直接撮像されたという意味である。

その結果、「ベテルギウスの直径は太陽の約1000倍」という線で、大方の意見の一致をみている。もし、それを太陽系に置いたら、木星の軌道より大きいということになる。そして、もし、それが15％も縮んだのなら、木星の軌道より小さくなっているはずだ。とはいえ、大きい。

一方、重さ（質量）はそんなに大きくなく、太陽の約7・7倍から約20倍と見積もられている。この約7・7倍というのは微妙で、いま死戦期を迎えているベテルギウスがその生涯の最後に「超新星爆発」を起こすかどうかの〝分岐点〟の質量に近い。

新星よりずっと激しく輝く「超新星」

恒星の末期のひとつが超新星爆発である。末期なのに「新星」というのは違和感があるかもしれない。それは、いままで暗かった星が、あるいは見えなかった星が、突如として輝きを増して見えるようになるから〝新しい星〟と呼ばれるようになったためである。新星とはいうけれど、じつは老星である。

新星よりずっと激しく輝くものが「超新星」である。これは恒星の末期の大爆発現象だ。これが起きるか起きないかの分岐点が「太陽の約8倍質量」である。

これより小さな恒星は超新星爆発を起こさないが、これより大きいと超新星爆発する。

もし、ベテルギウスが太陽の7・7倍なら超新星爆発せず、いろいろな過程を経て〝白色矮星《わいせい》〟になり、最後は静かに冷え、光を発しない黒色矮星になる（矮星は〝小さな星〟の意味)。

しかし、ベテルギウスはおそらく太陽の8倍より大きいので、超新星爆発を起こす可能性が高い。しかも、これはすでに死戦期を迎えているので、そう遠くない将来に爆発しそうなのだ。

もし、ベテルギウスが超新星爆発を起こしたらどうなるか。

もし、ベテルギウスが太陽系の近くにあって、しかも、その自転軸が太陽系を向いていたとしたら、地球の生命にとんでもない大災厄《さいやく》が降りかかるだろう。

大災厄の正体は、放射線のガンマ線である。しかし、ベテルギウスは地球から640光年も遠くにあるので、もしガンマ線が全方位に〝等方的に〟放射されたら、それはすごく広まって薄まるはずだ。ベテルギウスの超新星爆発のガンマ線で地球が焼き尽くされることはないだろう。

しかし、超新星爆発で出るガンマ線には「ガンマ線バースト」という、とんでもないガンマ線ビームがあるかもしれない、ということもいわれている。ビームというのは、レーザー・ポインターからのレーザー光線のように、あまり広がらずに線状のまま遠くまで届く光線のことである。

ただし、ガンマ線バーストが、本当に超新星からビーム状に放射されるのかどうかは未解明である。もし、仮にそうだとしても、ベテルギウスのガンマ線バーストの放射方向——ベテルギウスの自転軸——は地球の方向からずれているらしいから安心だ。

でも、これまでの地球上で起きてきた〝生物の大絶滅〟のうち、約4億5000万年前から4億4000万年前にかけて起きた「オルドビス紀末の大量絶滅」いわゆる「オルドビス紀—シルル紀境界」（O-S境界）は、超新星より激しい極超新星爆発からのガンマ線バーストで引き起こされたという説がある。

このO-S境界の絶滅は、地球生物史における5大絶滅「ビッグ5」のうち2番目に大きな絶滅だった。もし、これが本当にガンマ線バーストのせいだとしたら、超新星爆発なんて遠い星の出来事だ、天文ショーだ、ノーベル賞だなどと浮かれていられない場合もあるかもしれない。

だから、仮に、地球がベテルギウスの超新星爆発の災厄から免《まぬが》れたとしても、ほかの超新星爆発の候補星に注意しなくてはいけないのだ。

それはオリオン座のベータ星「リゲル」か？　いや、リゲルは当分の間、少なくとも人間が生きている間は大丈夫だろう。

それでも、ぼくのような杞憂《きゆう》人間は心配するのだ。

たとえば、地球から約550光年のところにある、さそり座のアルファ星「アンタレス」も、超新星候補である。太陽質量の12倍、ベテルギウスと同じで、やはり赤い超巨星だ。

近いところでいえば、地球から150光年のペガスス座IK星がある。これは連星で、小さいほう（伴星）はもうすでに燃え尽きた〝白色矮星〟、サイズは小さいが意外と重たい。

ここで、大きいほう（主星）が恒星の末期状態の赤色超巨星になったりすると、その外側から、〝小さくても重たい〟伴星の白色矮星にガスが流れこみ、さらに重くなる。そして、太陽質量の1・38倍になると、急に爆発して「Ia型」の超新星になる。

えっ、太陽の8倍重くないと爆発しないんじゃない？　と思うかもしれないが、超新星にもいろいろあるのだ。こういうふうに太陽と同じような重さの星でも超新星爆発してしまう。ただ、それは連星の場合だ。太陽は連星ではないから、その心配はない。

ところが、最近は望遠鏡が発達して、夜空にきらめく星々の約１／４、いや、もしかしたら、１／２くらいは連星だといわれるようになった。太陽より８倍以上大きければII型の超新星爆発が起こり、それより小さくてもＩａ型の超新星爆発が起こりうる、ということだ。こんなことを心配していると、それこそ夜も眠れなくなる。

「永遠とは、『宇宙の将来』である」!?

永遠とは何ぞや

ある高校で講演をした後、「講演の内容とは関係ないのですが」と生徒さんが寄ってきて「永遠って何ですか」と質問された。ぼくは思うところがあって、「宇宙の将来です」と答えた。その生徒さんは目をパチクリさせたので、私は自分の考えるところを説明した。

永遠とは何ぞや。ひとつの答えは、「時間の流れがないこと」になるだろうか。これは「変化のない状態」ということもできる。なぜなら、時間の流れは「変化」で認識されるからだ。

たとえば「運動」は位置の変化である（変位ともいう）。だから、動かないもの、たとえば巌《いわお》のごとく、ず〜っと不動のまま存在するものがあったら、それは永遠を感じさせてくれる。

その一方、位置が変わらず不動であっても、その場で回転しているものはどう考えるか。回転も運動（変位）のうちに入るから永遠っぽくない？　いや、たとえば〝永遠に回り続けるコマ〟というのを想像できるので、〝その場で回転〟もまた永遠としてありうると思う。

あるいは、同じ位置にあっても状態が変化することがある。灯台や点滅信号がそうだ。光が点いたり消えたりするのは状態変化である。光のほかに色でもよいだろう。青くなったり赤くなったり。

光がず〜っと明滅を繰り返したり、色がず〜っと変わり続けたりしたら、それもまたひとつの永遠のカタチであるような気がする。

コマのような回転運動には永遠性を感じることができる。では、直線運動はどうか。車がただ走るのでは永遠性を感じないが、ロケットが宇宙をどこまでもず〜っと飛びつづけるなら、永遠性を感じるような気がしてくる。

ロケットが飛ぶといっても、最初にドカンとエンジンを吹かしたら、あとは惰性で飛ぶ慣性飛行もあるだろうし、あるいは、弱いながらもず〜っとエンジンを吹かしつづける加速飛行もあるだろう。いずれにせよ、宇宙を飛びつづけるロケットには永遠性を感じる。

となると、なんだ、それなら動いても動かなくても同じじゃないかと思えてくる。たしかに教科書的には〝永遠と不変性〟は表裏一体のように説かれているが、仮に不変じゃない、つまり変化しても、その変化のしかたが一定なら、それもまた永遠かと。

変化のしかたが一定？　変化のしかたは数学の「微分」でわかる。いや、〝微分〟というと敬遠されそうだから、英語で「デリバティブ」といっておこう。いわゆる増加率や減少率（まとめて変化率）、あるいは成長率だと思えばよい。いずれも、その時その時の瞬間的な数字である。

「デリバティブ」と「永遠」の関係

ある経済紙で某社の「純利益の成長率が鈍った」という記事を読んで、ぼくはひっくり返った。純益があるのだから企業としては成功のはず。でも、純益の〝増加率の鈍化〟が問題視されるとは。鈍化したっていいじゃないか、どうせ黒字なんだから、とぼくは思ったのだ。

あれは「デリバティブ」という〝金融商品〟に合わせた記事だったのだろう。それにしても〝増加率の鈍化〟すなわち〝成長率の成長率〟を問題視する心根は、財テク(財務テクノロジー)の病のようである。「デリバティブのデリバティブ」など、瞬間のこれまた瞬間の話である。それで長期的な先物取引への投機を云々するのだから、やはり病んでいる。

これは数学的には〝微分の微分〟、すなわち2階微分である。2階ということは、やれば3階でも何階でもできるということだ。ぼくはずばり予想する、財テク界ではそのうち「純益の増加率の成長率」(3階微分)などという超マニアックな指標も取り沙汰されるであろうと。

このようなマネー絡みのことに私は永遠性を感じられない。つまり、単なる変化まではよいとして、〝変化の変化〟すなわち変化率(デリバティブ)が出てくると、もう永遠っぽくないのである。

静止状態はデリバティブが0(ゼロ)である。単なる直線運動(等速直線運動)もデリバティブはゼロである。もし加速運動なら、加速度（＝速度の変化率）がデリバティブに相当するが、加速度が一定なら、これにも永遠性を感じられる。

たとえば、自由落下（フリーフォール）すると落下速度がどんどん速くなるが、それは毎秒9・8m／秒ずつ一定の値で、速度が速くなるような増え方である。

つまり、変化率（デリバティブ）がゼロなら不変・不動ということで永遠性があり、仮に変化するとしても変化率が一定なら、それにも永遠性を感じられるということだ。

「何も起こらないことが永遠であり、宇宙の将来はそうなる」

さて、件《くだん》の高校生の「永遠とは何か」に対するぼくの答えは、そんなに難しいものではなかった。ぼくの答えはシンプルに「宇宙の将来に永遠がある」というものだった。何も考えなくても、ただじっとしているだけで、この宇宙に永遠が訪れるのである。

といっても何のことかわからないだろう。ぼくがその高校生に説明したのは「何も起こらないことが永遠であり、宇宙の将来はそうなる」ということである。それをここに繰り返そう。

永遠の本質は〝動かない〟でもなく〝変化しない〟でもないことは上に述べた。ぼくが本当に永遠性を感じるのは〝何も起こらない〟ことである。

何かが起こることを「反応」とか「相互作用」という。2つかそれ以上のものが出会えば、それらの間には引力あるいは反発力（斥力）がはたらいて、合わさって別のものになったり、お互いに押し引きして相手の進路を曲げたりする。

そういう反応や相互作用があるところ、すなわち、何かが起こるところに、ぼくは躍動感を覚える。が、逆にいうと、永遠性は感じない。

永遠性を感じるのは反応も相互作用もないところ、すなわち、2つかそれ以上のものが出会わないところである。それはだれにも、何にも出会うことのない寂しい世界である。

問題は、宇宙の将来がそんな寂しい世界になるのかということだ。ぼくはけっしてそうなってほしくはないのだが、現代の宇宙論はそうなることを強く予感させるのである。では、そんな悲観的な宇宙論とはどんなものなのか、観てみよう。

まず、これから説明することはSFではなく、現実のサイエンスである。科学的な観測事実と考察に裏づけられたハード・サイエンスだ。それは「加速膨張《ぼうちょう》」する宇宙のことである。

この宇宙はいまから138億年前に「無から有」がポロリと転げ出るように極微小の存在として生じ、大膨張（インフレーション）とそれに続くビッグバン（大爆発）で大きくなったと考えられているのはご存じのとおり。

ちょっと前まで、宇宙の膨張は、時とともにだんだん減速していつか止まるだろう、もしかすると、その後は収縮に転じて、宇宙は最初の超高温・超高密度の極微小な〝火の玉〟に戻るだろうと考えられていた。これをビッグクランチ（大収縮）という。

ところが、1998年に行われた「Ia型超新星」の観測により、宇宙の膨張は減速するどころか、加速していることがわかった。この常識を覆す発見に関わった3名に対して2011年のノーベル物理学賞が贈られた。

膨張が加速する？　これは最初のインフレーションの後、「第2のインフレーション」があったことを示している。しかも、それはおそらく宇宙誕生から約100億年、いまから約40億年前に起こったとも考えられている。

この宇宙はいまでも膨張していて、しかも、昨日よりも今日、今日よりも明日と、どんどん速く膨張している。つまり、宇宙における物質の密度はどんどん薄くなっているのだ。

物質の密度といったが、物質にも2種類ある。ぼくたちが知っている（ぼくたちに見える）物質と、ぼくたちがまだ知らない（ぼくたちに見えない）物質で、後者は「暗黒物質」あるいは「ダークマター」と呼ばれている。

未知で見えないダークマターだが、〝在る〟ことは確からしい。なぜなら、その存在を仮定しないと、この銀河系や宇宙の成り立ちを説明できないからだ。

同様に未知で見えないものに「暗黒エネルギー」あるいは「ダークエネルギー」がある。これは宇宙が加速膨張するのを説明するのに必要なものである。

つまり、ダークマターもダークエネルギーも、新たに発見されたものではなく、宇宙の成り立ちや加速膨張を説明するために新たに編みだされた概念なのである。

しかも、この宇宙を成り立たせているのは、ダークエネルギーが74％、ダークマターが22％で、ぼくたちが知っている（ぼくたちに見える物質）はたったの4％しかないという。人間の最高の知が到達した境地というのは「宇宙の96％は未知」という諦観にも似た世界観である。

そして、その世界観によると、宇宙の物質の密度はどんどん薄くなり、やがて物質同士の出会いも少なくなる。やがて、まったく出会いのないほど薄まり、何の反応も相互作用もなくなってしまう。何も起きない、何も生じない、本当の「永遠」が始まる。そうなってもなお宇宙は膨張を続けるのだろうか。

太陽系で、海を持つ天体が、地球以外にもある！

「氷の下の海」（内部海）を持つ天体を見つけた！

地球は水の惑星である、としばしばいわれる。

あるいは、地球の表面の約7割は海で覆われているので、「地」球というより「海」球である、ともよくいわれる。

それが喚起《かんき》する地球のイメージは、太陽系でも珍しいほど〝液体の水〟に恵まれた奇跡の天体だ、というものだろう。

地球において、太陽からの距離が「水が凍りもせず沸騰もせず液体でいられる温度帯」、いわゆるハビタブルゾーン（宇宙で生命が存続可能と思われる領域）にあることが〝奇跡〟の一因である。大気圧が1気圧（1013ヘクトパスカル）のとき、水し、大気がもっと薄ければその温度帯は狭くなる。

地球と太陽の距離は、約1億5000万km。光の速度が（真空中で）秒速約30万kmだから、光でも500秒かかる距離である。ここに、地球と同じ反射率（アルベドalbedo）が0・3の物体を置くと、それはマイナス18℃で熱平衡《ねっへいこう》する。しかし、現実の平均表面温度は15℃である。つまり、理屈で考えるよりも現実は33度も温度が高いのだが、それは、そもそも地球の大気が「温室効果」を発揮しているためである。

つまり、表面温度とか、ハビタブルゾーンとかいっても、じつは、太陽からの距離で一義的に決まる部分と、どんな成分の大気をどれくらいの濃さで持っているかで決まる部分、それらが複合的に組み合わさって決まる。それを考慮すると、われわれの太陽系でも、われわれ以外の太陽系でも、現実のハビタブルゾーンの幅は、理屈で考えるより意外と広いかもしれない。

地球のように表面を覆う海ではないが、とにかく海があるとされる天体がある。

たとえば、木星の第2衛星「エウロパ」、同第3衛星「ガニメデ」、同第4衛星「カリスト」だ。両者とも表面が氷に覆われている。水（H_2O）の氷である。

木星の衛星くらい太陽から遠くなると（地球と太陽の距離の約5倍）、表面温度はマイナス200℃以下から、せいぜいマイナス100℃くらいの範囲の超低温。こんなに低温だと、たとえば、アンモニアや二酸化炭素やメタンの氷もありうるので、それらと区別するためにいちいち〝水の氷〟といわねばならないのだ。

さて、エウロパ、ガニメデ、カリストは、いちばん外側に〝水の氷〟があり、その下に液体の水（内部海）があって、さらに岩石からなる海底があると考えられている。ガニメデはもっとすごくて、海底を覆うように〝水に浮かない氷〟があったり、内部海を何枚もの「氷の層」が分けているという仮説もある。

すると、液体の水は、氷層と岩石の間にサンドイッチのようにはさまれているので「内部海」と呼ばれている。これから見たら、地球の海は〝表面海〟になるだろう。とにかく、地球の海とは様相が異なるが、海は海だ。

ここでぼくが問題にしたいのは、内部海と表面海の違いではなく、むしろ、これらの海における水の総量、つまり、液体の水と氷の総量である。

その量は推定でしかないが、エウロパでは天体質量の約10％（5×10^{21}kg）、ガニメデだと質量の50％近く（7×10^{22}kg）、カリストだと50％以上（6×10^{22}kg）にもおよぶと考えられている。これを地球と比べてみると、地球の水の総量など、地球の質量のわずか0・023％、絶対量でも1・35×10^{21}kgしかないので、エウロパにもおよばないことになる。

「氷衛星」を掘ってみよう

エウロパ、ガニメデ、カリストは代表的な「氷衛星」である。これらをひきいる木星は「巨大ガス惑星」と呼ばれていて、地球（および水星、金星、火星）のような「岩石惑星」とは成り立ちからして違うことがわかる。

木星はその巨大な質量のうち、ほんのわずか0・0004％だけが水だと考えられている。それでも元の質量そのものが巨大なので、水の絶対量も約2×10^{21}kgと、地球並みかそれ以上あることになる。

同じく巨大ガス惑星でも、土星にはそれほどの水がないかもしれない。そもそも土星は〝水に浮く〟ほど密度が小さい、つまり、水より比重が小さいということは、水が少ないということでもある（水が多ければ水と同じ比重に近くなるから）。

先ほど「氷衛星」といったが、じつは「巨大氷惑星」もある。衛星ではなく惑星だ。具体的には天王星と海王星である。天王星は質量の約30〜50％（4×10^{21}〜6×10^{21} kg）くらいが水の氷だと推察されているが、〝海〟を冠した海王星における水（氷）の総量はよくわからない。いずれにせよ、地球は必ずしも太陽系で唯一の「水の惑星」ではないし、持っている水の総量が大きいわけでもないことがわかるだろう。

地球の唯一性は、「表面に液体の水」すなわち〝表面海〟があることくらいか。

土星の衛星「タイタン」には表面に液体メタンや液体エタンからなる湖があることが確からしい。メタンもエタンも炭化水素なので、その液体は〝油〟のようである。つまり、タイタンの表面には確かに湖があるとしても、それは〝油の湖〟であって、液体の水ではない（しかし、水の氷はある＝その意味でタイタンも「氷衛星」のひとつである）。

地球の唯一性「表面に液体の水があること」は辛くも保たれた感じだ。

しつこく「氷衛星」に話を戻すと、土星の衛星「エンケラドゥス」は確かにそうらしいし、天王星の衛星「ウンブリエル」も氷衛星のようだ。

とくにエンケラドゥスの場合、氷の破片や水蒸気が噴出する「氷火山」という不思議な現象が観察され、探査機「カッシーニ」がそこから噴出している〝噴煙〟のようなところを突っ切りながら分析したので、確かである。

エンケラドゥスは、直径約500㎞と小さな天体である。この小さな天体がどうして氷火山という活動をするのか不思議だが、ぼくにとって、もうひとつの大きな問題は、これがどうももともとは彗星《すいせい》（comet）だったかもしれないという点だ。氷火山の噴出物の化学組成が彗星のそれによく似ているのだ。

彗星は〝(水の) 氷と塵（宇宙塵）の塊〟である。氷のほうが多ければ「汚れた雪玉」と呼ばれ、塵のほうが多ければ「凍った泥団子」と呼ばれる。いずれにしても、水の氷が主成分のひとつである。

そして、地球の誕生期、地球に水をもたらしたのは彗星と小惑星であることがわかってきた。地球質量のわずか0・023％しかない水は、彗星と小惑星によるデリバリーだったのだ。

もしかしたら、この〝H_2Oデリバリー〟は半分だったかも、あるいは、2倍だったかもしれない。もし半分だったら、地球の気候はこれほど温暖に保たれただろうか。もし2倍だったら、陸地はあっただろうか。陸はすべて水没して存在しない「水惑星」「海惑星」になったかもしれないのだ。地球における生命の誕生はあったとしても、生物の陸上進出はないし、ぼくたちのような文明が築かれることもなかっただろう。

宇宙人はいる？

文明といえば、ぼくはよく、地球外生命による文明のことを考える。最近、「第2の地球」や「スーパーアース」など、「系外惑星」がよく話題にのぼることも影響しているかもしれない。

系外惑星は、１９８８年に初めて〝ちゃんと〟(confirmed) 発見されて以来、２０１７年６月の時点でconfirmedが３６１０個、候補 (candidates) が２４１０個、未確認 (unconfirmed) が２１０個も見つかっている。このうち、52個は「ハビタブルな系外惑星」、いわゆる〝第2の地球〟の候補だ。

ちょっと面倒くさい話をすると、太陽系には「凍結線」スノーライン（snow line、frost line、ice line）などと呼ばれる境界線がある。水H_2OやアンモニアNH_3やメタンCH_4などが太陽風により吹き飛ばされ、スノーラインの向こうまで行ってしまうと凍りつき、彗星や衛星や惑星に固定される。だいたい、火星と木星の間がスノーラインだと考えられている。

スノーラインの内側（太陽に近い側）は、水が少なく〝ドライ〟な領域である。いくら「水が液体でいられる」温度帯といっても、肝心の水がないのだ。でも、地球には彗星による〝H_2Oデリバリー〟があったのが幸運だった。しかも、その水量が適度なのも超ラッキーだった。

しかし、そんな幸運に頼らなくても大丈夫な場合がある。スノーラインの外側には彗星だの氷衛星だの氷惑星だの、氷天体はいくらでもある。つまり、太陽系は外側のほうがH_2Oリッチなのだ。ただし凍っているが。

ところが、初めは外側にあった氷天体でも、いつか軌道が乱れて、スノーラインの内側に移動してくることがあるという。そうなると、その天体は表面に「液体の水」がある天体になりうる。

系外惑星には、〝内側に移動してきた〟可能性を示す例がいくつもあるそうだ。もしかしたら、同じことがわが太陽系にも起きて、そのうち木星といっしょに「氷衛星」が地球の近くに移動してきて新たなハビタブル天体になるかもしれない。そのとき、氷衛星のエウロパやガニメデなどはおそらく〝表面海〟を持つようになるだろう。

もし、そうなったら、わが地球は、太陽系で唯一〝表面海〟を持つ天体、という特別な立場も失うことになる。残された最後の砦は、太陽系で唯一〝生命〟を持つ天体、ということくらいしかない。せめて、そのくらいは保ちたいもの。いや、ほかの天体に生命を発見したくないというのではない。ぼくたち地球生命が全滅しないようにしなくては、ということだ。

あとがき

本書『世界の果てに、ぼくは見た』は、2012年4月に出版された『時空の旅人辺境の地をゆく』を文庫化したものである。これはもともと、「生きる意味を深耕する」を標榜していた月刊誌「MOKU」という雑誌の連載から抜粋して書籍化したものである。MOKU誌では「時空の旅人」のタイトルで9年にわたって100回も連載させて頂いたが、そこまで来たところで廃刊になってしまったのは残念だった。硬派かつ高尚で、ハードでヘヴィな、いい雑誌だったが、その中にあって、ぼくの連載はソフトでライト、いやユルいほうだった。しかし、こうして抜粋し本にするとそうでもなく、やはりMOKUの心を受け継いでいるように思える。その意味で、この文庫化を企画してくださった幻冬舎の袖山満一子さんに感謝いたします。

「MOKU」の連載「時空の旅人」は2008年1月号からスタートした。その記念すべき第1回は、この文庫でもトップバッターの「砂漠の月虹」だった。たまたまサハラ砂漠で生涯にわたって残るだろう思い出を得たので、それを書くことができた。

しかし、その後はネタ探しに困った。もともと浅学菲才《ひさい》なので書くネタがない。ところが、サハラ砂漠で味をしめたように、ぼくは地球のあちこちを旅しているので、旅行記なら書けそうな気がした。しかも、ふつうの人が行かないような辺境の旅行記だ。第1回から2016年9月の最終回（第100回）「豊潮丸に揺られ、響灘の旅」まで、旅行記が圧倒的に多いのはそのためである。ちなみに幻の第101回は「山内一豊の縁を温《たず》ねて」、第102回は「セキユバエに誘われ、油田巡礼の旅へ」。これらも、いつかどこかで日の目を見ないだろうか。

さて、すでにお読み頂いた方にはおわかりのように、ぼくのエッセイは収束するというより発散しがちだ。語る内容があっちへフラフラ、こっちへフワフワして、ちっとも落ち着かない。グルグル回りながら、螺旋《らせん》状に高みへ上ればよいが、上るどころか山の麓をウロウロ回るばかりで上昇しない。それがぼくの思考回路というか心象風景なのだから仕方ないといえば仕方ないのだが、せっかく読んで下さった方はさぞ苦労されたこととお察しする。ありがとうございました。

ふらふら、ふわふわ、ぐるぐる、うろうろ。それがぼくのエッセイである。それでも砂漠だ、火山だ、北極だ、南極だと、ずいぶんスゴイところ——世界の果て——によくぞ行ったものだと思う。残念ながら、ぼくの駄文からはその「スゴイ感」が伝わらないのだが、それを補って余りあるのが本書の表紙である。「スゴイ感」が直にイメージできる表紙をデザインしてくださった榊原直樹さんに御礼を申し上げます。また、簡にして要を得た章扉イラストを描いてくださった滝口博子さんにも感謝します。

なお、本書の文庫化にあたり、前の本にはなかったエッセイも追加されている。幻冬舎の袖山さんが担当してくださったWebマガジンの連載『教科書には絶対載らない！〝超訳〟科学の言葉』（2012年4月から24回）から6編が、本書の第五章「宇宙へ、心の旅」に盛り込まれている。地球の上なら「地球の果て」まで行ったことはあるが、さすがに宇宙に行ったことはない。そうしようと思って宇宙飛行士の選抜試験を受けたが落ちてしまったし。身体《からだ》ではなく思いだけが宇宙を巡り、また、自分の脳内宇宙を浮遊する。だから「心の旅」なのだ。

また、前の本の出版やWebマガジンの連載からまだ数年しか経《た》っていないのに、世の中は大きく変わったし、科学界でも大きな変更ないし更新があった。たとえば、2012年12月に「宇宙の年齢」が更新され、2015年11月版の最新理論では137億9900万年（誤差2100万年）、およそ138億年とされている。2017

年4月には世界人口が75億人を超えたし、2017年6月にはモロッコ産の約30万年前の化石がヒト科ヒト属ヒト（ホモ・サピエンス）すなわち人間だと同定され、それまでの定説（ホモ・サピエンスは約20万年前に東アフリカで生まれた）が覆ってしまった。これらのアップデートも本書には加えられている。

これらの知見を得たり情報を参照したりするのは、ぼく自身のアンテナやメモリーだけではもちろん足りない。まして「世界の果て」にいるときはとても困難だ。したがって、誰かのサポートが必要になるのだが、幸いなことに、ぼくには仲間がいた。ぼくは彼らに感謝します。そして、ぼくが認識していないだけで、実は重要なサポートもあったのだろうと思う。そういう御陰助にも心から感謝いたします。この御恩返しは、謝意はもちろんのこと、「ぼくは見た」だけで終わらず、しっかり文章で報恩できるよう、エッセイ道を精進することだと思う。

「MOKU」というプラットホームがなくなっても、ぼくは書き続ける。なぜなら、I was born to write. ぼくは「書くために生まれた」から。そして、100回の連載の果てに朧《おぼろ》げながらも見えてきた「書く意味」があるから。それは、ぼくが生まれた意味、そして「生きる意味」だ。ぼくは天下国家を論じる器ではないけれど、生きる意味を深耕した月刊誌「ＭＯＫＵ」の心を受け継ぐ者として、書き続ける。

２０１７年夏　世界のどこかの果てにて

長沼　毅

解　説——世界の果てにいる「科学界のインディ・ジョーンズ」を私は見た

藤崎慎吾

私は三半規管が鈍いせいか、ほとんど乗り物酔いをしたことがない。しかし成人してから一度だけ、戻してしまうほど気分が悪くなったことがある。それは本書の第二章冒頭に登場する広島大学の研究船「豊潮丸」の航海に、同行させてもらった時のことだ。

かれこれ一五年ほど前になるが、乗船したのは薩摩《さつま》半島の小さな港からだった。鹿児島空港からも、バスや列車を乗り継いで二時間半ほどかかる。しかも朝早くから出航ということで、前日の夜に現地入りしていた。なぜか長沼先生も一緒だった。

宿泊はしたんだか、しなかったんだか、とにかく記憶の始まるのが、港近くのスナックである。場末も場末、この世の果てみたいなところの薄汚い店で、母親くらい歳の離れたママやホステスと飲んだくれていた。そこに、たぶん明け方近くまでいたんだろう。

気がつくと船に乗っていた。二日酔いどころか、まだ普通に酔っ払っているような状態である。

当時の豊潮丸は（代替わりした今の船も大差ないようだが）どうも重心が高かったらしく、安定性が悪かった。しかも海は時化《しけ》ている。さらに操舵室を見学させてもらえるということで、私は船の最も高い所に上がっていた。そこで調子に乗って写真を撮ったり、ビデオを回したりしていたのである。

これで船酔いしないほうがおかしい。ある瞬間、私は自分の顔からザーッと血の気が引いていくのを感じた。慌てて揺れる階段を駆け下り、トイレに飛びこんで便器に顔を突っこんだという次第である。

この時、長沼先生がどうしていたのか、ほとんど覚えていない。だが案外、平気な顔をしていたような気がする。おそらく私は長沼流「苦難解消法」に使われたのだろう。

本書の「北緯45度、厳冬の町――北海道・幌延」によれば、先生は船酔いから逃れるために、自分よりも弱いやつを同乗させていたらしい。もっとも私は船に弱いというより、酒に弱かったのだが。

この時、豊潮丸が向かっていたのは、薩摩硫黄島である。そこで私はもう一つ、忘れられない経験をした。

硫黄島は全体が、最も活動度の高いAランクの活火山である。山頂からは絶えず噴煙が上がり、あちこちで温泉も湧きだしている。そのうちの一つ「東温泉」は、海岸に穴を掘って湧出する源泉を溜めただけという、野趣に溢《あふ》れた絶景露天風呂だ。せっかく行ったのだから、入らない手はない。

しかし私はその時、お尻に若干のトラブルを抱えていた。まあ、痔になりかけていたのである。一方、東温泉は全国でも一、二位を争う強酸性泉（pH約一・二）であり、湯温も五〇度前後と熱い。この風呂に入ることがお尻にとって吉と出るのか凶と出るのか、いささか不安だった。

とはいえ、こんな機会は二度とないかもしれない。私は意を決して、その緑色をした湯に飛びこんだ。全身がチクチクするどころか、引っかかれているように痛い。ほとんど塩酸に身を浸しているようなものである。

結果として、お尻の状態は悪化した。当たり前だ。その後も続いた航海の間、私はガニ股で歩くことを余儀なくされた。

下世話な話ばかりで申し訳ない。


日本国内の旅でさえ、長沼先生についていくのは往々にして大変だ。まして海外ではどうなるのだろうと、私なぞは怖気《おじけ》づいてしまう。本書では先生自身も、何度か心細い目にあったように書かれているが、おそらく同行者はその何倍もびびっていたはずだ。

なんだかんだ言っても、やっぱり長沼先生はタフな「インディ・ジョーンズ」なのである。学生時代に相撲や柔道で培った体力もあるが、生来の豪胆さ（悪く言えば、いい加減さ）で、数々の危機を乗り越えてきたのではないだろうか。

それを感じたのは先生と一緒に、鳥取と島根の県境にある船通山《せんつうざん》へ登った時のことだ。ヤマタノオロチ伝説で有名な山である。

標高一一四二メートルの山頂までは、よく整備された登山道があり、さほどの難所はない。とはいえ途中、沢登りに近い部分や急傾斜の階段もあった。休まず一気に登りきるのは、それなりにきつい。

ところが、この時の長沼先生はサンダル履きだった。しかも片手に、透明な液体の入ったペットボトルを握っている。当然、水だろうと思いきや、蓋を開けたところで漂ってきた香りは明らかに日本酒だ。これをぐびぐびやりながら、先生は我々より先に、さっさと登っていくのである。

学生を何度か連れて行ったようで、船通山には慣れている様子だった。とはいえ、これほど山をナメきった人に、私は後にも先にも出会ったことがない。

下山する時にはほろ酔い気分で、さらに足が軽くなったのか、我々が滑ったり転んだりしないようにと慎重に下っていくガレ場を、ひょいひょい跳ぶように駆け下りていく。私は呆《あき》れ果てると同時に「この人は本物の天狗じゃないだろうか」と真剣に疑った。

こんな調子で、よく大怪我をせずにこられたものだ。天狗ではないものの、何かに護《まも》られているとしか言いようがない。おそらく海外の辺境で危機に陥っても、このいい加減さ……もとい豪胆さで、ひょいひょいと乗り越えてきたのではないだろうか。

一つだけ言い添えておくと、体は普段からよく鍛えているように見える。それも先生らしいやりかたで――例えば日常的に一本歯の下駄を履いて過ごす。まさに天狗だが、これは足腰や体幹を鍛えるのに役立つはずだ。

また研究室で机に向かっている時も、普通の椅子ではなく「ジョーバ」という、ロデオマシンのようなフィットネス機器にまたがっていた。あまりに長時間乗っていたので、血が滲《にじ》むほどの股擦れになったと聞いたことがある。ジョーバに揺られながら指導する教官を、学生たちはどう思っていただろう。


ところで船通山に登ったのは、長沼先生と国内の「極限環境っぽい」所を訪ねながら対談し、それを本にまとめるという企画の一環だった。実際に南極や砂漠、深海などへ行ければよかったのだが、さすがに予算がなかったため、手近な所で我慢したのである。詳しくは『辺境生物探訪記　生命の本質を求めて』（光文社新書）を読んでいただきたい。

もちろん船通山に極限環境っぽい所はなく、ここは番外編的な扱いにする予定だった。この山は本書の「固有種がいっぱい――滋賀・琵琶湖」に書かれている「たたら製鉄」の聖地でもある。そこで当時から先生が興味を持ち、また自ら復興に力を入れていた古代の製鉄法と、出雲神話との関係について、語ってもらうことにしたのだ。

しかし残念ながら諸般の事情で、その内容が世に出ることはなかった。せっかくだから、この機会に一部を紹介しておきたい。対談を行った当時（二〇〇七年）、長沼先生は「たたら」や「出雲」に惹かれたきっかけについて、次のように語っている。

長沼「もともとは海洋生物や海洋生態系から、こっちの方に入ったんだけどね。僕の独自の観点としては、たたらというものが存在したことで山を崩したり、川の流れを変えてしまうという地形変化がもたらされたわけだけど、同時に下流においては海にも影響を及ぼしていた――つまり海洋生物生態系に対するたたらの影響というものがあったに違いないと考えた。一九九〇年代に太平洋の赤道域で鉄を撒いたら、植物プランクトンがワーッと増えたという実験があって、海洋生物にとって鉄はとても重要であるということがわかった。同じように、たたらによって人為的に出雲の山から海へ鉄がざくざくと流れていた時代があった。その時代は、それなりに海洋生物生産も盛んであり、非常に豊かな海の幸があったと思うわけよ」
藤崎「最近、豊かな山や森の養分が河川から海に流れこんで海の幸を育てるということが、盛んに言われるようになりましたよね」
長沼「そうそう、同じことなんだ。海洋生物にとっては、鉄分ももちろん山の幸であり、たたらで使われた炭の原料である広葉樹も森の幸なの。その山の幸と森の幸が、たたらによって川から海に流れこんで、海の幸に結びついていた時代があったんじゃないか。それをエコロジーとか環境サイエンスの方から検証したい、証明したいというのが、当面のもくろみだね」

本書の読者は、長沼先生の博覧強記と広範な興味に驚かれたのではないかと思う。生物学者が地質学や惑星科学、天文学などに詳しいのは、まあ同じ科学だからわからないでもない。しかし歴史や民俗学についての知識も、半端ではないのだ。もともと先生は「科学者」の枠に、収まりきらない人なのだろう。

ここで思いだすのは、しばしば「知の巨人」と評される南方熊楠《みなかたくまぐす》である。在野の学者でありながら生物学や民俗学で多くの業績を残し、考古学や人類学、宗教学にも通じ、日本初の自然保護活動を推進したことでも有名である。様々な分野にまたがる彼の学問は一種の「曼荼羅《まんだら》」であり、「熊楠学」としか呼びようのないものであった。

ずっと組織に属してきた長沼先生にも、昔からどこか「在野」の雰囲気がある。学者仲間から「あいつ、よく馘首《クビ》にならないよなあ」と、いつも不思議がられているのだが、最近ますますその印象が濃くなってきた。

先生は自らを「吟遊科学者」と称し、人々は「科学界のインディ・ジョーンズ」と親しみをこめて呼ぶ。そのほうが「広島大学教授」より、よほど似合っているようだ。

いつの日か我々は「長沼学」と出会うのだろうか。いや、すでにその芽は大きく育ちつつあると思う。期待したい。

――作家

この作品は二〇一二年五月ＭＯＫＵ出版より刊行された『時空の旅人　辺境の地をゆく』に幻冬舎ウェブマガジン連載の第五章を加えて大幅に加筆・修正し改題したものです。

世界《せかい》の果《は》てに、ぼくは見《み》た

長沼毅《ながぬまたけし》

平成29年8月5日　初版発行

発行人――石原正康
編集人――袖山満一子
発行所――株式会社幻冬舎
〒151-0051東京都渋谷区千駄ヶ谷4-9-7
電話　03(5411)6222(営業)
　　　03(5411)6211(編集)
振替00120-8-767643
印刷・製本―株式会社　光邦
装丁者――高橋雅之

幻冬舎文庫

ISBN978-4-344-42641-2　C0195　な-30-2